MARIO MORENO
CANTINFLAS

MARIO MORENO
CANTINFLAS

por Luis Rutiaga

Grupo Editorial Tomo, S. A. de C. V.
Nicolás San Juan 1043
03100 México, D. F.

1a. edición, junio 2004.

© Grupo Editorial Tomo, S.A. de C.V.
Mario Moreno "Cantinflas"

© 2004, Grupo Editorial Tomo, S.A. de C.V.
Nicolás San Juan 1043, Col. Del Valle
03100 México, D.F.
Tels. 5575-6615, 5575-8701 y 5575-0186
Fax. 5575-6695
http://www.grupotomo.com.mx
ISBN: 970-666-382-7
Miembro de la Cámara Nacional
de la Industria Editorial No 2961

Proyecto: Luis Rutiaga
Diseño de Portada: Trilce Romero
Formación Tipográfica: Luis Rutiaga
Supervisor de producción: Leonardo Figueroa

Impreso en México - *Printed in Mexico*

Contenido

Prólogo

Cantinflas, ha sido el cómico mexicano más injustamente maltratado por los críticos, sin tomar en cuenta que su capacidad de improvisación para hacernos reír era ilimitada. La mayoría de sus películas tuvieron siempre un pésimo guión y una deficiente realización, pero su sola presencia bastó para llenar la pantalla. Su único problema era que su jerga cómica era tan rápida, tan incongruente, que nos perdíamos la mayoría de sus chistes.

Cantinflas marcó un estilo tremendamente personal y tan ampliamente imitado por otros cómicos que ha conseguido pasar a la historia del cine con honor y sus habilidades humorísticas han resistido perfectamente el paso de los años. Su sola presencia en la pantalla bastó para llenarla y para que la película cobrase interés, a pesar de que ni la dirección, ni los diálogos, estaban cuidados con esmero. Todo se confiaba a su buen hacer, a sus monólogos totalmente improvisados de los que siempre salía airoso provocando la carcajada más espontánea. Fue un extraordinario actor que dio la impresión de no actuar, de estar rodeado de amigos a los cuales quiso hacer reír sin molestar a nadie.

Durante su larga carrera cinematográfica tuvo que soportar a ciertos críticos que siempre se empeñaron en decir que ya estaba acabado, que su personaje se había adulterado y que se había aburguesado. Pero lo cierto es que independientemente del director, del argumento y de los escenarios elegidos, así como de los otros compañeros de reparto, las películas tuvieron un gran éxito comercial solamente por él, por Cantinflas, y eso es algo que ningún otro actor del mundo ha podido lograr.

Despreciado en su día por los intelectuales y poco reconocido todavía por los críticos como uno de los mejores cómicos de la historia de cine, Cantinflas marcó una época y hasta su último filme cosechó grandes éxitos.

Los que le conocieron personalmente dicen que era sencillo sin proponérselo. Con una actitud social, tanto en el comportamiento como en su indumentaria, alejada de cualquier artificio, era no obstante muy firme en cuanto a mantenerse en sus convicciones humanísticas.

Aunque sumamente amable no era persona que se diera con rapidez a la gente, ya que se le consideraba serio, reservado y, por naturaleza, de pocas palabras, rayando en ocasiones en la desconfianza. Generoso en grado sumo, pero plenamente consciente de lo que entregaba y a quién lo entregaba, había conocido la pobreza en su niñez y en ocasiones sintió muy de cerca el hambre. Por eso, cuando estuvo en la cima del éxito nunca dejó de ser humilde, quizás porque ello le engrandecía aún más.

El triunfo no le envileció, ni la gloria le cambió su espíritu, demostrándose con ello que era un artista superior a la mayoría y un ser humano inigualable. Cuando le preguntaban si se consideraba un hombre feliz, siempre respondía que sí, a pesar de sus defectos y a pesar de que podía tener alguna pena. Decía que se sentía dichoso de realizar su vida y su destino plenamente, en la medida de sus fuerzas.

Esa felicidad que afirmaba tener era cierta, no era un producto que quisiera vender cara a su promoción, contribuyendo en gran manera a exaltar su carácter y sus características personales. Había conseguido triunfar a tiempo, por supuesto merecidamente, y eso es una buena manera de lograr tener un corazón noble, sin los resentimientos de quien ha sido vapuleado largos años por la incomprensión.

Cantinflas fue un privilegiado por la vida, un triunfador, pero eso le proporcionó más admiradores que envidiosos y un carácter exento de rencores y maldad, logrando conmover en numerosas ocasiones el corazón de los mexicanos. Nunca se convirtió el triunfo en una droga para él.

El público se sintió inmediatamente identificado con su filosofía, con su esfuerzo por aprender siempre, con su afán por mejorar día tras día.

Y aunque era de naturaleza optimista le hacían fuerte mella los fracasos, las zancadillas y los rencores de las personas, lo mismo que le dolían los malos gobernantes o aquellas personas que se enriquecían a base de engañar o robar a los más débiles o ignorantes. Para desahogarse empleaba en sus películas diálogos y situaciones en las cuales se criticaba y hasta se ridiculizaba a los poderosos mezquinos, algo que solamente le permitían a él. Su malicia la caracterizaba de mil maneras para que no fuese una ofensa directa a nadie, pero suficientemente explícita para que todos los culpables se dieran por aludidos, tal era su habilidad para decir lo que quería... sin decirlo.

Su voz, dulce, poderosa pero sin estruendos, gustaba de captar el ingenio del pueblo, más que de contar los chistes políticos desagradables que utilizaban otros cómicos, logrando trasformar su chistes en arte.

Aunque mucha gente le acusaba una y otra vez de cambiar su personaje original, lo cierto es que no fue así y siempre conservó su tipo, su "peladito", aunque se vistiera de ministro, de cura o de pistolero del oeste. Todo ello lo consiguió sin aburrir, sin repetirse, siendo la mejor prueba de ello que, desde su primera película hasta la última, fue el artista mexicano más taquillero de todos.

Luis Rutiaga

El México
de esos tiempos

Soledad Reyes Guízar y Pedro Moreno Esquivel, padres de Mario Moreno Cantinflas, se conocieron en la ciudad de México. Él le llevaba diez años, cosa que en aquella época no solía ser un impedimento serio para casarse, a menos que fuera para justificar otro: haciendo honor a su apellido, Pedro Moreno, joven potosino de 26 años y empleado del servicio postal, resultaba demasiado moreno para las pretensiones de esta familia michoacana, cuyos miembros eran parientes lejanos de monseñor Rafael Guízar y Valencia, quien sería candidato a la canonización por su labor pastoral durante la guerra cristera. Sin el consentimiento de la familia Reyes, Soledad y Pedro finalmente contrajeron matrimonio en 1900.

Establecido en la populosa colonia Guerrero, primero en la calle Mina y después en la 6ª de Nonoalco, el matrimonio Moreno no tardó en dedicarse a la procreación y, a las mudanzas: a dos embarazos malogrados siguieron dos niños, Pedro Marcelino y José Eufemio, nacidos respectivamente en 1902 y 1905, año en que la familia se trasladó a Guadalajara. Desde aquella ciudad, Pedro remitió a sus padres y hermanos un retrato fechado en diciembre de ese año. En marzo de 1906 vino al mundo Encarnación Manuel, quien sólo vivió dos años. En 1908 la familia retornó a la capital, esta vez a radicar en la entonces municipalidad de Tacuba y luego en la calle de Colegio Militar número 17. Aquí nació Eulalia Catalina en febrero de 1909, y el 12 de agosto de 1911, día de Santa Clara y San Fortino Mártir, Mario Moreno Reyes vio la luz en un nuevo hogar situado en la famosa Santa María la Redonda.

Ese sábado 12 de agosto del México revolucionario, mientras nacía uno de los cómicos más prestigiados del país, reinó la calma tanto atmosférica como política: pasado el chubasco del martes 8, el Observatorio Meteorológico pronosticó que disminuiría la humedad en la ciudad de México, dominarían los vientos en dirección variable y habría "nubes superiores en dirección oriental", cosa que al parecer se cumplió.

Hay que decir, que en 1911, Santa María la Redonda constaba de ocho cuadras: principiaba en Mina y de San Lorenzo corría hacía el norte, rumbo a la prisión de Santiago Tlatelolco. La calle en algunos lugares era de tierra apisonada, en otras, empedrada, y no tenía drenaje ni alumbrado público. La transitaba gente de sombrero, manta y rebozo, además de animales domésticos, y que le daban a la avenida un aire provinciano.

El número 182 estaba exactamente entre el 176 y el 190 de la acera poniente, en la cual sólo existían cinco domicilios. No ha podido establecerse qué tipo de vivienda correspondía a aquel número, pero lo más probable es que fuera una vecindad, de la que se desconoce el interior en que nació Mario Moreno.

A unos cuantos pasos del 182, en la contraesquina, se encontraba el bullicioso cine-teatro Zaragoza, en el 143. El costado sur del teatro Zaragoza daba a la calle de Libertad, en la que también existían casas para noctámbulos y solitarios. Una cuadra más hacia el sur, en una vivienda modesta, vivían los abuelos paternos de Cantinflas, y al

final de esta calle, sobre la concurrida Mosqueta, por la que transitaba un tranvía, estuvo el escandaloso y sicalíptico teatro Apolo, cuna del teatro de revista nacional, en donde la víspera del nacimiento de Cantinflas, las hermanas Herrera, cupletistas, actuaron ante los empleados y el jefe de los talleres industriales de La Carolina. Entre la 1ª. y la 2ª. de Santa María, que en 1916 iba a ser transformada en Aquiles Serdán, había un sinuoso atajo por el callejón del Borrego para llegar a la plaza de Garibaldi, donde el hampa y los seres marginales reinaban en rinconadas, escondrijos alucinantes y callejones sórdidos como el mítico San Camilito. Años después, por aquel rumbo estaría el teatro-cine Garibaldi, "sucursal del acreditado" salón Rojo y sucesivamente teatro Garibaldi, Molino Verde y Follies Bergére, coliseo remodelado en 1936 para entronizar a un artista forjado en esas calles: Mario Moreno.

Pedro Moreno detalló todo lo referente al nacimiento de sus hijos en un manuscrito. En él escribió que Mario fue presentado ante el Registro Civil al mediodía del domingo 3 de septiembre de 1911, veintidós días después de haber nacido. Oficialmente no se le agregó el nombre de Alfonso, como consignaba don Pedro en su escrito, y en el acta adelantaron la hora de su nacimiento para las once y media de la noche. De no ser así, el juez auxiliar Luis Pérez Micón no hubiese registrado el nacimiento a las doce y media del sábado sino a los treinta minutos del domingo 13, día de mal fario, consagrado a San Hipólito y Casiano. En copia del acta consta que el padre del niño Fortino Mario Moreno y Reyes manifiesta ser empleado, originario de San Luis Potosí, de 37 años de edad. Doña Soledad Reyes declara ser de Cotija de la Paz, Michoacán, tener 27 años de edad y vivir con su marido en la 6ª de Santa María la Redonda número 182, sin especificar el interior. Los abuelos paternos son el carpintero Bernardo Moreno y Zeferina Esquivel, domiciliados en la 4ª de Santa María la

Redonda; los maternos, Manuel Reyes —finado— y Lugarda Guízar, originaria de Cotija y domiciliada en la 3ª de Degollado 44, colonia Guerrero. Testigos: Eduardo Martín Tapia, comerciante de 37 años y Manuel Ortega, plomero de 36.

Nacimiento
y primeros años

Siguiendo su costumbre, hacia 1913 los Moreno se mudaron al número 10 de la calle Nacional. El 25 de enero de aquel año, Mario fue bautizado en la parroquia de Santo Domingo Guzmán, en Mixcoac. Sus padrinos fueron sus tíos maternos, José R. Reyes y Francisca Valenzuela de Reyes. Por esos días José desapareció, tal vez después de la mañana sangrienta del 9 de febrero, cuando los generales Bernardo Reyes, Manuel Mondragón y Félix Díaz lograron sublevarse contra el presidente Madero para asesinarlo e instalarse en el poder.

En ese aciago 1913 nació María Esperanza, la quinta hija del matrimonio Moreno. A principios de 1915 la familia tenía ya un nuevo hogar próximo a la Nacional: la 4ª de Vidal Alcocer número 72. En numerosas entrevistas, Mario Moreno habló de una infancia llena de privaciones pero no miserable, de un padre severo que trabajaba como agente postal y viajaba constantemente en trenes y de una madre consagrada a su hogar (o a sus hogares sucesivos). A pesar de los apuros económicos por los que no sería raro que Pedro Moreno pasara en aquel año de hambruna y ocupación de la capital por parte de facciones militares antagónicas, mantuvo a sus cinco hijos e incluso inscribió a Mario en el *kindergarten* Zaragoza. Entre 1917 y 1923, los Moreno Reyes retornaron a la colonia Guerrero, primero a Galeana 22 y después a la intersección de Zarco y Sol. Por una boleta de calificaciones se sabe que Mario cursó el tercero de primaria en la escuela católica de Nuestra Señora de los Ángeles, hoy denominada Italia, situada a un costado de la iglesia de ese nombre. Como complemento a la clase de doctrina cristiana, asistía de acólito en los servicios religiosos del templo de la colonia Guerrero:

> El padre Garcidueñas me llamaba siempre para las misas porque decía que hablaba el latín muy bonito. Y es que, en aquel entonces, los acólitos nos aprendíamos el *Yo pecador* en latín... Alguna vez me contaron que el padre Garcidueñas era un santo, que volaba por las noches mientras oraba. Lo fui a espiar por una rendija para ver si era cierto... y no... no volaba...

Pedro Granados, condiscípulo del futuro actor en la escuela Francisco González Bocanegra —en Riva Palacio número 59, colonia Guerrero—, recuerda que Mario era un muchacho inquieto y peleonero, muy bueno para los golpes, "a ratos taciturno y retraído, pero simpático y dicharachero". Al igual que Teodoro España, Alejandro Ordorica y Gustavo Samaniego, el futuro Cantinflas estudió del tercero al sexto de primaria en la escuela Número 85, ubicada en las calle de Guatemala, centro. Para aquel entonces, la familia Moreno Reyes ya se había mudado a Uruguay número 144. Mario era líder por su simpatía y viveza, aunque muy reservado en asuntos privados, "también le debemos las primeras 'pintas', nuestros primeros bailes ¡y hasta nuestras primeras novias!" Por lo visto, desde aquel entonces ya Mario concebía sueños de riqueza, que en la década de los cuarenta serían una realidad.

Asiduo a los salones y a los bailes efectuados en el cine Goya o en el Mundial después de las funciones, Mario con su simpatía dominaba cualquier ámbito social. Era tan buen bailarín —diestro en el tango, el vals y la rumba— que los parroquianos hacían rueda para verlo bailar. Esto lo han corroborado Teodoro España y otro cómico y gran bailarín surgido de los teatros-salones: Adalberto Martínez, *Resortes*, quien además confesó que él y Cantinflas eran apasionados de la carambola y jamás salían de los billares del centro.

No hay certificados de sus estudios secundarios, ni testimonios de su paso fugaz por la Escuela Nacional de Agricultura, en Chapingo. En cambio existe un documento de la entonces Secretaría de Guerra y Marina —hoy de la Defensa Nacional—, que registra una aventura que corrió a los 16 años en Guadalajara, adonde tal vez había ido acompañando a su padre en una de sus visitas como agente postal y se le escapó. El 11 de Octubre de 1927, Mario ingresó en forma voluntaria al 27 Batallón de la 3ª Compañía, declarando con toda falsedad tener, 21 años de edad, ser soltero y de oficio mecanógrafo. El soldado Mario Moreno fue remitido al 20 Batallón destacada en Chihuahua. Ahí organizó un equipo de fútbol, encuentros de box, de básquetbol, y escenificó *Las travesuras de Marte*, obra que "él había ideado atando cabitos y espigando en campo ajeno". Según declaró en una de sus primeras entrevistas, trastocando sus vivencias cual era su costumbre, ahí tuvo la oportunidad de aproximarse a un pequeño teatro ambulante en Ciudad Juárez.

Al parecer don Pedro tuvo que intervenir ante la Secretaría de Guerra y Marina para que, a casi ocho meses de iniciada su aventura, Mario fuese dado de baja el 6 de junio de 1928 tras descubrirse que era menor de edad.

Después de esta incursión, Mario, a quien entonces apodaban el *Chato*, buscaría en el boxeo profesional una posibilidad de allegarse dinero y fama, por su habilidad para el pugilismo callejero. El cineasta Juan Bustillo Oro narra que, él y Mario Moreno fueron pupilos del boxeador Carlos Pavón, el popular *Sheik de San Miguel*, quien vivía de la fama de haber sido campeón de peso ligero. Él trató de adiestrarlos para el boxeo profesional, en la vecindad de la calle de Echeveste, y quizá alguna vez los enfrentó a guantazos, sin que por ello se quedara México sin cómico o sin cineasta, cuenta Juan Bustillo.

follies

¡EL TEATRO DE LA ALEGRIA!

Pondrá a Discusión

HOY

LA LEY DE EXPROPIACION
LA LEY DE SUPER PROVINCIAS
LA LEY AGRARIA
LA LEY ELECTORAL
LA LEY DEL EMBUDO
LA LEY FUGA

y todas sus consecuencias, fundidas en
una sola, la más antigua de todas las
leyes que conoce el mundo:

"LA LEY
DE
HERODES"

✱

Primer Orador:

CANTINFLAS

(Doctor en Leyes)

presentado por su señor
JEFETE."

Las carpas

Para alejarlo de la vida disipada, su padre lo llevó consigo a trabajar en calidad de "meritorio" a la oficina postal de Oaxaca, y después a la de Veracruz, donde fue reprendido por su jefe inmediato. Tuvo que trasladarse a Jalapa, y ahí fue donde empezó bailando en una "carpita", posiblemente en la de José Pagoda, en la cual al parecer no duró mucho tiempo por dedicarse a enamorar a Francisca la *Nena* Pagoda.

Al poco tiempo se fue con la compañía Novel, haciendo papelitos de partiquino y bailando en el fin de fiesta después de la función, y así recorrió la República de pueblo en pueblo, hasta que un día el director le dijo que saliera a anunciarle al público una función de beneficio que se preparaba y, antes de que tuviera tiempo de pensar en lo que iba a decir, lo empujó y... ¡zas!, se vio en medio de la escena y sin saber qué decir. Pero... ¡qué va! No se quedó callado y empezó a hablar. No supo lo que dijo, el público no entendió una palabra, pero antes de que acabara de hablar —él seguía hablando sin cesar porque no sabía cómo acabar, y además estaba seguro de que no había dicho nada— fue interrumpido por una gran ovación ¡El público creyó que hacía aquello de propósito y le hizo mucha gracia esta nueva "vacilada"! Al día siguiente repitió el asunto y... ¡de allí p'adelante!

Existen decenas de versiones del paso de Mario por las carpas de provincia y por los teatros-salones del Distrito Federal, pero hay muy pocos documentos, programas o publicidad con los que se pueda reconstruir el itinerario de sus actuaciones.

Pedro Granados lo conoció por primera vez en un escenario con la cara pintada, interpretando *El charleston negro* con Nacho Pérez.

Después, lo vio bailar *tap* en otro salón, haciendo dúo con el gran bailarín Manuel Sánchez, a su juicio el mejor que produjo la carpa, para encontrárselo luego bailando con Esparza, "un bailarín-cantante cuyo atuendo era el de *cowboy*".

Para 1930, el matrimonio Moreno Reyes y sus ocho hijos se habían mudado ya a la calle de Egipto número 45, en la colonia Clavería, a una pequeña casa que Pedro Marcelino —el hijo mayor, quien a sus 28 años de edad trabajaba en la misma dependencia que su padre— había adquirido con muchos sacrificios. Su otro hermano, Eduardo Moreno, de escasos once años y que con el tiempo sería apoderado de Cantinflas, era el encargado de abrirle la puerta principal, pues ambos dormían en la estrecha sala, cada uno en su respectivo catre. Por ese año Mario siempre regresaba a la una o dos de la mañana, e incluso le confesó que ya trabajaba en la farándula.

Quizás el joven Mario llegó a concebir la esperanza de pertenecer a la selecta minoría de artistas que utilizaban los teatros-salones, esas plataformas populares, para lanzarse a la consagración definitiva en los teatros, como ocurrió con Lucha Reyes o con la tiple cómica Amelia Wilhelmy. Seguramente no quería permanecer mucho tiempo entre aquella farándula insólita de actores de séptima categoría, formada por cómicos embrutecidos por el alcohol, bailarines elefantiásicos que a nadie entusiasmaban, cantantes fracasados que vivían añorando su época dorada, o los pobres duetos arrojados al aplauso o al escarnio del populacho intransigente y desconocedor.

Después de su incursión en provincia, Mario llegó a la capital "con el tipo hecho", es decir, enarbolando ya la indumentaria de *Chupamirto*. Sin embargo, tardaría meses en apropiarse completamente del personaje. Primero trabajó en el salón Sotelo, propiedad de la familia Jarero, establecida en Azcapotzalco, y luego en el teatro-salón Valentina a un costado del palacio municipal de Tacuba, cuyos dueños eran unos bielorrusos prófugos de la revolución bolchevique: Gregorio Ivanoff y Ana Zukova (Zubareva en el medio artístico), llegados a México en 1923. Su hija, Valentina Ivanova, era la estrella del salón, una hermosa rubia de escasos dieciséis años. Junto a su hermana mayor, Olga, ejecutaba bailes de su convulso país. Olga estaba casada con el galán joven de la pequeña compañía, un inmigrante de nombre Estanislao Schilinsky, lituano jactancioso y muy hábil para escribir *sketches* inspirados en las películas extranjeras que se proyectaban en la capital. Al parecer fue la propia Valentina quien, tras enamorarse de Mario, le propuso al galán lituano que formase un dúo con él y le enseñara los secretos de la actuación. En la escena, el dúo se complementó perfectamente: mientras que Schilinsky era la personificación de la elegancia, siempre bien vestido, de carácter tolerante y enérgico, Mario, por su parte, abusaba del maquillaje, las pelucas y los andrajos campiranos y arrabaleros. Todavía no se vestía a la usanza de los cómicos populares del momento: Arturo Copel el *Cuate Chon*, Armando Soto la Marina el *Chicote* y José Muñoz *Chupamirto*, quienes tomaron su vestuario del simpático y popular protagonista de las *Vaciladas del Chupamirto*, tira cómica que desde 1927 salía los domingos en el diario *El Universal*.

Los siguientes recuerdos proceden quizás de aquel salón. Cierta noche, cuando Mario era un actor cómico desconocido, al atisbar por el clásico agujero del telón, descubrió azorado entre la concurrencia a su señora madre, doña Soledad Reyes:

> Mi madre ignoraba que yo andaba haciendo mis primeros pinitos en el arte. Al ver a mi madre se me ocurrió embadurnarme de pintura más de lo que acostumbraba yo, con el objeto de que no me reconociera. Salí a actuar sin perderla de vista, y la vi aplaudir, y la vi reír, y eso me llenó de emoción. Al otro día, al comentarle que alguien la había visto en la carpa, ella me contesto: "Sí, hijo, estuve allí y por cierto que hay un cómico muy chistoso. Tienes que ir a verlo".

Don Catarino y Cantinflas

Cantinflas

Según Pedro Granados, después de abandonar el baile, Mario estuvo en el salón Rosete de la calle de San Antonio Tomatlán, por el rumbo de La Merced, donde lo anunciaban como "Cantinflitas parodista". Hacía un sketch llamado "El tinaco" con la vedette *Yoly Yoly*, a quien atribuye haber sugerido a Mario que utilizara la indumentaria del *Chupamirto*, muy socorrida entre los cómicos de las carpas, como hemos visto.

A mediados de 1934, a los 23 años de edad, Mario era ya un cómico hecho y derecho. Un programa del teatro-salón Valentina ("el salón preferido de las familias") del viernes 22 de junio de 1934, indica que Mario tuvo ese día un "beneficio", es decir una función extraordinaria cuyas ganancias le fueron dedicadas. En el "regio y suntuoso beneficio de Cantinflitas" fueron vistas "20 variedades de distintos salones de la capital", así como las estrellas del Valentina: el propio festejado y su novia, Débora Zita, Lupita Moreno, Elena Bernal, Estanislao Schilinsky, José Muñoz (posiblemente para entonces ex *Chupamirto*), José Jasso y Pedro Zajaroff. Fueron sus madrinas, entre otras, la señorita Lupe Luz, la señorita Olga G. González, su hermana Esperanza Moreno y su señora madre, doña Soledad Reyes de Moreno. Entre los numerosos padrinos sobresalían el coronel Jesús Gómez, el licenciado

Gómez Solís, Alfonso Lara, Manuel Torrenza —inspector de tránsito de San Bartolo, Estado de México—, y los matanceros del rastro. Esa noche fue escenificada la "bonita revista rusa *El rey de los gitanos*, escrita, dirigida y musicalizada por Schilinsky. Entrada general, 20 centavos; niños, 10. El actor cómico que le hace olvidar sus tristezas" prometía recibir "desde un alfiler hasta un automóvil".

Los dos rasgos cómicos más característicos de Cantinflitas en aquella época, con los que los espectadores del rumbo de Tacuba lo identificaban, dándole noche a noche inobjetables muestras de simpatía, eran sus tradicionales siete palabras y su típica e inseparable gabardina en jirones, que fue un chaleco en sus mejores tiempos. La noche de su beneficio, las "clásicas" siete palabras fueron: "Espero me saquéis de apuros esta noche" y prometió que entre las diez primeras personas que llegaran rifaría su gabardina. La pequeña foto que aparece en el programa no permite deducir si Mario usaba ya la vestimenta del *Chupamirto*.

En octubre de 1934 fue consumado el noviazgo entre Valentina Ivanova (o Zubareff, que era su nombre artístico) y Mario Moreno, relación objetada por los padres de ella, Ana Zukova y Gregorio Ivanoff, porque Mario tenía un carácter irascible y no demostraba aptitudes en el escenario, característica necesaria esta última, al parecer, para la vida marital. Aun así, el 27 de octubre de 1934 a las once de la mañana, ante el oficial décimo del Registro Civil, Valeriano Ojeda, se casaron Mario y Valentina bajo el régimen de sociedad conyugal. Testigos de Mario fueron el abogado Roberto Gómez Solís y Manuel Gama Madrigal; por parte de ella lo fueron Enrique Gurrola Manrique y José Petronilo Cortés. Sin duda, la arraigada fe católica de la familia Moreno determinó que después del enlace civil, Valentina, cristiana ortodoxa, se convirtiera al catolicismo para recibir el sacramento. La ceremonia religiosa tuvo lugar cuatro días después, el 31 de octubre en la parroquia de San Gabriel Arcángel, sita en Tacuba número 17, a las diez. Mario contaba 23 años de edad. Valentina, por su parte, tenía 19, "originaria de Sinfiropan, Rusia, y vecina de esta parroquia con domicilio en la casa número dos de la calle de Totoquihuatzin, hija legítima de don Gregorio Yvanova (sic) y de la señora Zulcova". Los testigos fueron el padre de Mario y la madre de la hermosa Valentina. En una fotografía tomada a las afueras de la parroquia aparecen muy adustos, de izquierda a derecha, Pedro Moreno de gafas oscuras, Ana Zukova, Esperanza Moreno, Gregorio Ivanoff, los recién casados —Valentina de blanco impecable, Mario con *jaquette* oscuro, sombrero de copa y guantes—, doña Soledad Reyes y la sonriente Olga Ivanova. Los pequeños Tamara Ivanova y Roberto Moreno, de once años, sostienen la cola del vestido de la novia.

Después de la ceremonia, los invitados fueron a festejar a un restaurante de la calle de Bolívar y al parecer Mario Moreno pasó apuros para pagar una cuenta exorbitante. Sus compromisos de trabajo le impidieron viajar de luna de miel, pero alcanzó a rentar un pequeño departamento en la colonia Clavería, del que se mudarían meses después a una suntuosa casa también alquilada, justo enfrente del hogar de la familia Moreno.

Su nuevo estado civil propició el cambio de Cantinflitas a Cantinflas, si bien existe la versión de que la actriz cómica Celia Tejeda le recomendó a Mario cambiarse el sobrenombre cuando debutó en el salón Mayab. En ese jacalón los dos realizaban un sketch muy gracioso, el de "La chumacera" en el que aparecían como dos voceadores callejeros y bailaban un tango cómico, con el que los espectadores llegaban al delirio. Es posible que en 1935, Mario Moreno y Estanislao Schilinsky estuvieran ya trabajando en el salón Mayab, ubicado en la plazuela de Garibaldi, mientras que sus respectivos cónyuges seguirían encabezando la variedad del Valentina. Un programa del Mayab, fechado el viernes 7 de aquel año, anuncia en "beneficio" de Celia Tejeda en el que actuaron como artistas principales, además de ella, el *Conde Bobby*, el *Gordo* y la *Flaca*, las vedettes Judith y Carmela, Lupe la *Criolla*, Margat Gale, Mónica y *Confite*, Peter y Zenón y otras estrellas diluidas en el olvido. Cantinflas y Schilinsky ocupaban créditos secundarios. Según testimonio de Schilinsky, fue en ese jacalón donde Mario desarrolló su forma característica de hablar, aunque Pedro Granados sostiene que esto ocurrió en el salón Rojo, por el rumbo de Santa María la Redonda.

Agosto y septiembre de 1935 fueron decisivos para la vida artística de Mario. En agosto, un colaborador del "semanario moderno" *VEA* escribe un reportaje sobre su trabajo escénico. Al mes siguiente, Mario y su concuño Schilinsky se presentaron en un cine con la obra *México y sus hombres*. En las páginas sepias del *VEA*, bajo el título "Cantinflas es representativo de nuestro teatro folklórico", y la firma de Marcos Cadena, se publicó quizás el primer reportaje sobre el cómico, en el que éste aparecía ensalzado, en gran contraste con las otras estrellas del salón Mayab, a quienes ni siquiera mencionaba (y que tenían mucho más cartel, como el ventrílocuo alburero *Conde Bobby*, Ceba Tejeda, Lupe la *Criolla*, o los plagiarios cinematográficos Mauro y Eufrosina García, alias el *Gordo* y la *Flaca*), e inclusive con el propio salón Mayab, "...un hervidero de espectadores ebrios, malolientes y escatológicos, que a la menor provocación realizan sus necesidades fisiológicas bajo la sombra protectora del deprimente aforo".

En su reportaje, Cadena soslayaba la raigambre carpera de Cantinflas, aunque no la periodística, y festejaba la feliz improvisación que alegraba a los tandófilos:

Los sketches son puestos entre él y Schilinsky, su inseparable compañero, ruso de origen pero mexicano de alma. Generalmente son cuentos colorados que se escenifican, dulcificando todo lo que es posible su picardía. Pero, sobre todo, Cantinflas improvisa. Cuando lo llaman a escena, no sabe todavía lo que va a decir. Allí no hay apuntador. Lleva, sí, una idea general de lo que va a hacer, pero nada en concreto. Y la improvisación se impone, más que nada, porque la actuación de Cantinflas no es un diálogo con Schilinsky exclusivamente, sino sobre todo, con el público de la primera fila y los curiosos pegados como estampillas a la pequeña pasarela... A pesar de todo ello, Cantinflas triunfa y el público, inclusive la terrible palomilla de primera fila, goza de su presencia, su gesto y sus chistes, en los que no falta el retruécano a sus espontáneos y léperos interlocutores de la concurrencia, en medio de la necesidad imprescindible de conservar el valor de su personalidad, que bien puede perderse en medio de una alusión que no se contenta con toda oportunidad.

El artículo resultaba ilustrativo, por otro lado, de lo agotadora que era la jornada de Cantinflas en el salón Mayab, y hasta de su sueldo:

Cantinflas aparece en escena cuatro veces diarias, por espacio de media hora cada vez. Trabaja absolutamente todos los días, y no descansa ninguno de la semana. Los domingos, eso sí, gana sueldo y medio. Nos parece mucha indiscreción ir a los números, pero Cantinflas nos asegura que la "cosa" ha mejorado mucho, que se acabaron ya los tiempos en que al artista se le daba como pago a su trabajo, o tostón o un peso para el café de media noche. Y la mejoría data de la constitución de la Unión Nacional de Artistas de Carpas y Salones.

Alguien nos ha asegurado, hace tiempo, que Cantinflas no gana menos de doce pesos, entre semana y dieciocho los domingos, pero éste ha sido solamente un rumor, aunque de personas que, de suponer bien informada.

[Roberto] Soto le ha hecho proposiciones para ir al Lírico. Ha actuado, también, en algún cine y otros teatros, en beneficios a los que le han invitado, y su éxito, nos confiesa sinceramente, ha ido muy superior al de la carpa. El público de teatro lo ha sabido apreciar mucho mejor que el del jacalón, por razones naturales está cansado de ver mediocridad.

El libretista de género chico Pablo Prida Santacilia, pilar del teatro de revista nacional, recuerda que con motivo del 15 de septiembre de 1935 organizó junto con Carlos Carga y Manuel Vaca, propietario del cine Máximo, una función especial para celebrar el Grito. Allí se estrenó la revista *México y sus hombres*, en la que Mario Moreno y Estanislao Schilinsky compartieron créditos nada menos que con Esperanza Iris, con su esposo Paco Sierra, Guadalupe la *Chinaca*, Laura Rivas, Fausto Álvarez, hermosas "wampas", cien comparsas, doce segundas tiples y la Orquesta Tropical de Absalón Pérez: "Hubo un lleno a reventar. Parecía que el teatro iba a venirse abajo; gente en los pasillos y el escenario, en el que apenas cabíamos los artistas y los empresarios, a la hora solemne del Grito fue invadido por amigos y periodistas".

Cantinflas seguía aumentando su fama entre el modesto público del salón Mayab y en los primeros meses de 1936, su propietario, el empresario ruso José Furstemberg (a quien por obviedad fonética apodaban el *Alemán*), se propuso lanzar al cómico al estrellato, para lo cual planeó remozar el teatro Garibaldi, cerrado por aquel entonces, que estaba a unos pasos de la plaza del mismo nombre. Para fortuna de Mario, el cineasta Miguel Contreras

Torres le había echado el ojo durante sus actuaciones en el Mayab y lo incluyó en la cinta *No te engañes corazón*, en la cual fue pareja del cómico Eusebio Torres Pirrín, don Catarino, quien llevaba ya tres años de exitosas andanzas teatrales y había participado en otras cintas. Schilinsky actuó en la película como galán de cabaret, refrendando su tipo escénico.

En lo que *No te engañes corazón* era estrenada, Mario y su concuño fueron contratados por el empresario y cómico yucateco Daniel el Chino Herrera para actuar en su tierra natal. La gira fue en abril de 1936. En ésta las primeras figuras eran "la escultural vedette Valentina", y los cómicos de moda en la capital, Cantinflas y Schilinsky. La Compañía de Revistas Musicales de Daniel Herrera escenificó *Hijos a domicilio*, *Risas y canciones*, *El marido de mi mujer*, *El amable loco*, *Las calles se desmoronan*, *El séptimo día*, *Con la vara que mides* y otras obras del mismo tono festivo.

A mediados del año 36, Valentina Zubareff, "la tiple que esperábamos", encabezaba la variedad del teatro-salón Lírico, un jacalón conocido como el Liriquito, apostado en la plaza de las Vizcaínas frente al Politeama, que alquilaba Manuel Medel. Mientras tanto, Cantinflas seguía a la espera de que remozaran el futuro Follies Bergére, que sería testigo de una nueva etapa en su meteórica carrera.

El éxito

Ados meses de cumplidos los veinticinco años, Mario Moreno tenía ante sí el mayor reto de su vida: consagrarse ante el público del antiguo teatro Garibaldi que ahora, en aras de un cierto aire cosmopolita, era Follies Bergére, a semejanza del cabaret parisino que abrió sus puertas a mediados del siglo pasado.

El trompetista José Nicolás el *Chino* Ibarra recuerda que Mario no era presa ni de euforia triunfalista, ni de nervio sismo agotador, como si supiera que su triunfo iba a ser total e inevitable. Tanta confianza era debida al propio público, que en el cine Máximo y en los teatros jamás había dejado de aplaudirle. Sin embargo, el empresario José Furstemberg no compartía la confianza de su estrella.

Para el público teatral, famosos eran en aquel momento Roberto el *Panzón* Soto, empresario y cómico político desde la década de los veinte, Joaquín Pardavé —recién metido a empresario—, *don Catarino*, Manuel Medel y Amelia Wilhelmy.

En el cine triunfaba Leopoldo el *Chato* Ortín, y estaba por hacerse a la fama Carlos López el *Chaflán* por su actuación en *Allá en el rancho grande*, estrenada con bombo y platillo el 6 de octubre de 1936. Pero ¿Cantinflas y su concuño Schilinsky? Sólo Dios y el público de carpa sabían quiénes eran.

Días después, el jueves 15 fue la "regia inauguración" del Follies Bergére. Encabezaron el elenco la vedette Sharon de Vries, Pepe Martínez, la gran orquesta del mago de la trompeta el *Chino* Ibarra y los cómicos formados en el teatro Manuel Medel y Amelia Wilhelmy. También participaba en la revista Valentina Zubareff, a quien Mario se apresuró a retirar de la farándula para recluirla en su hogar y tratar de procrear con ella un heredero que jamás llegó.

Aquella noche memorable, a decir del exagerado censo aparecido en la cartelera, asistieron al teatro 5,950 personas para ver *Sleep Review* a las siete y diez de la noche, y *El hombre que prestó su cuerpo* en las funciones de las 20:30 y 23:30. Un peso costó la luneta numerada. Para el domingo, en que además se ofreció *La hora íntima de Cantinflas* —parodia de la serie radial de Agustín Lara— habían asistido 25 mil espectadores. Rápidamente, el Follies Bergére ganó fama como teatro de revista, compitiendo con el tradicional Lírico, y dejando al Politeama convertido en cine. Hoy es recordado por las disputas histriónicas entre dos cómicos diametralmente opuestos: Mario Moreno y Manuel Medel, quien tenía más horas de vuelo en el teatro e inclusive había protagonizado en 1934 la cinta *Payasadas de la vida*. Esta rivalidad, además de hacer a un lado a Schilinsky, provocó que los libretistas lucieran sus mejores chascarrillos para ver quién reinaba en el populoso coliseo de Santa María la Redonda. A *La hora íntima de Cantinflas* siguió *Medelerías*. Después de *Medel transformista* subían a escena *Cantinfolis*, *Los amores de Cantinflas*, *El gran detalle* y *El heroico Cantinflas*, para finalmente arremeter con el *Medel Follies*. El domingo 25 de diciembre se estrenaron *El socialismo de Medel y Cantinflas*. En esta pugna escénica, Agustín Lara actuaba en *Cachitos de sol* y fue quien dio el espaldarazo a las estrellas de la compañía de José Furstemberg.

"El público de teatro lo ha sabido apreciar mejor que el del jacalón" fueron las palabras del reportero Marcos Cadena en *VEA* sobre Cantinflas, quien en dos meses y medio de presentaciones en el Follies Bergére había sobresalido de manera inusitada. Por ello, en su recuento anual para *Revista de Revistas* del 27 de diciembre, titulado "El año teatral", Roberto el *Diablo* ya lo consideraba la revelación. Si en 1935 había ponderado al *Panzón* Soto en *La resurrección de Lázaro*, y la exitosa asociación de las hermanas Arozamena con Pardavé, lo mejor de 1936 era lo que sucedía en el teatro de la plaza de Garibaldi:

> Por lo que hace a las compañías locales, diremos que Roberto Soto recorrió todos los principales teatros, hasta sentar sus reales en el mes de octubre en el escenario de sus mejores tiempos, o sea el Lírico. *Don Catarino* y Pardavé actuaron brevemente con sus respectivos cuadros en el Apolo y el Follies Bergére dio principio la temporada inaugural el 15 de octubre, contando como principales elementos a la tiple cómica Amelia Wilhelmy y a los actores Medel y Cantinflas, quien fue la revelación del año en el género nacional...

1937 fue vital para la ascendente carrera de Mario, pues refrendó con éxito su presentación en el Follies Bergére —opacando con éxito a *don Catarino*, a Medel y al Chino Herrera—, ascendió en el cine al obtener papeles protagónicos en tres cintas, se vio inmiscuido en una supuesta "polémica del siglo" y debutó como "redactor exclusivo" del semanario *VEA*.

Primeras películas

El 20 de mayo de aquel año, los "formidables cómicos" Cantinflas y Schilinsky representaron un diálogo cómico en el establecimiento de la Compañía Mexicana de Espectáculos, antiguo salón México, ubicado en la calle de Pensador Mexicano número 16, en el que también se presentaron, guiados por el sentido de la propiedad, Gonzalo Curiel y su orquesta, Everardo Concha y sus estrellas, Emiliano y su Orquesta Radio, además de los bailarines Marina y Apolinar Ramos, entre otros. Mientras transcurría este animadísimo baile popular, en el cine Palacio se estrenaba sin pena ni gloria *No te engañes corazón*.

Desaprovechado por el productor y director Miguel Contreras Torres, Cantinflas realizaría tres películas con la compañía Cinematográfica Internacional S.A. (CISA): *¡Así es mi tierra!* y *Águila o sol*, ambas dirigidas por el soviético Arcady Boytler, y *El signo de la muerte*, de Chano Urueta. Las tres fueron filmadas al vapor y estrenadas en aproximadamente tres meses. El 13 de junio comenzó el rodaje de *¡Así es mi tierra!* Arcady Boytler, ya consagrado con *La mujer del puerto* (1933), utilizó a los personajes del *Tejón* (Mario Moreno) y de Procopio (Manuel Medel) como contrapunto para resaltar el regreso de un general revolucionario que tras un desengaño amoroso, decide volver a la lucha armada.

Para agosto de 1937, Cantinflas se vio envuelto involuntariamente en una escaramuza obrera, considerada como "la polémica del siglo: ¡Cantinflas vs. Morones!" según escribieron los amarillistas redactores de la revista *Todo*. El recién repatriado Luis N. Morones, líder de la otrora famosa e influyente Confederación Regional Obrera de México (CROM), había retado por aquellos días a Vicente Lombardo Toledano, representante de la naciente Confederación de Trabajadores de México (CTM), a un debate público para dirimir cuestiones proletarias. El jerarca cetemista, apoyado por el presidente Cárdenas para desmoronar a Morones por sus resabios callistas, envió al ex poderoso líder a que discutiera sus problemas con Cantinflas. Éste, a diferencia de otros cómicos como Leopoldo el Cuatezón Beristáin y Roberto el Panzón Soto, que utilizaron con gran saña el humorismo político, rara vez había empleado este recurso cuyo apogeo fue durante la década de los veinte. Sin embargo, en esta ocasión aprovechó la fama que le dio el dirigente de la CTM, no para hundir al desprestigiado Morones —doble víctima del *Panzón Soto* y del presidente Cárdenas, quien lo había expatriado junto con su protector Calles—, sino para ridiculizar al propio Lombardo Toledano, pieza determinante en el movimiento obrero cardenista: si Lombardo Toledano "no puede arreglar nada y dice mucho, a mí me pasa lo mismo y nunca llego a un acuerdo", declaró Cantinflas entre otros conceptos hilarantes al reportero de *Todo*. Su ataque fue retomado por el poeta Salvador Novo, entonces columnista anticardenista del semanario *Hoy*, para ridiculizarlo más en su "Lombardotoledanología", publicada el 21 de agosto.

A tres meses de filmada, *¡Así es mi tierra!* se estrenó el 10 de septiembre de 1937 en el cinema Palacio. Un día antes, Arcady Boytler había reunido de nuevo a Mario Moreno y a Manuel Medel para que protagonizaran una

cinta muy afín a sus papeles teatrales: *Águila o sol*.
La cinta, cuyo guión pertenecía a *Guz Águila*, legendario
libretista del teatro frívolo y guionista de *La mujer del puerto*, transcurría en el mundo de los teatros-salones, donde a
pesar de los sinsabores infantiles, la felicidad llegaba finalmente para Polito Sol (Mario Moreno) y los hermanos
Águila (Manuel Medel y Marina Tamayo) ya adultos, con
todo y que una sombra paterna amenazaba el reencuentro
familiar.

A fines de octubre, R. Larriva Urías, seudónimo de
Carlos Rivas Ladaurri, periodista y poeta de arrabal que
había compuesto para el cómico la pieza *Sin ton ni son*
—una de las primeras en ser estrenadas en el Follies
Bergére—, lo interrogaba para la revista *Todo* sobre su vida
y su trayectoria teatral. "Cantinflas íntimo" se tituló la
entrevista, llevada a cabo en la casa de la calle de Egipto,
colonia Clavería, a cuya puerta esperaba un Cadillac
flamantísimo, de color azul, adquirido con el sueldo que
Mario recibía en el teatro de Santa María la Redonda Además de narrar sus inicios en las tablas con su inconfundible
estilo, Cantinflas declaraba: "Ahora gano cincuenta pesos
diarios en el teatro, sin contar lo que me producen otras
'chambitas': el radio, el cine... ¡Pero no tengo guardada ni
una peseta...!"

Mario terminó el año de 1937 volviendo a torear: el
domingo 7 de noviembre estuvo en el coso de la Condesa.
Manuel Medel y *Chicote* sostenían un mano a mano en el
que se disputaron la oreja de Cantinflas, quien regresaba a
la ciudad "después de sus triunfos artísticos en Estados
Unidos". El 10 de noviembre la cartelera teatral participaba que "ya regresó de Nueva York" y el lunes 27 actuó
en la obra *Cantinflas volvió de Nueva York*, junto con
mademoiselle Nesly Daubre y el ballet Parisien. Aquella
Navidad comenzaron a aparecer sus colaboraciones
en *VEA*: "Por qué has cambiado tanto", "Augurios",

"Éntrele al toro" y la anticardenista "Carta abierta a los C.C. Diputados".

En enero de 1938, Cantinflas y sus inseparables compañeros, Medel y el *Chino* Herrera actuaron en el Follies Bergére, y con motivo del día de reyes Mario se presentó en El Toreo, en plan de exitoso torero bufo. Mario Moreno y José Furstemberg no se entendieron económicamente, y el actor abandonó el Follies que tanto éxito le había dado, para irse de gira por Monterrey, Nuevo León. Pero su público lo extrañaba. Furstemberg no tuvo más remedio que localizarlo a través de su hermano Eduardo y doblegarse frente a sus exigencias (doscientos pesos diarios, más el 25 por ciento de la taquilla), de manera que el sábado 5 de marzo, luego de terminar de "pasearse", según rezó la publicidad, Mario regresó al coliseo de Santa María la Redonda con la revista *Ahí está el detalle*, escrita por Francisco Benítez y Carlos M. Ortega, con música de Federico Ruiz. "Acá tenemos uno que vale por 100 de allá", decía el anuncio en la cartelera, declarándole la guerra a la cinta *100 hombres y una muchacha* que se proyectaba en el Regis, y a los 100 artistas de todo el mundo que actuaban en el Lírico. Cantinflas y sus "inseparables" Manuel Medel y el *Chino* Herrera formaron de nuevo el trío "más formidable de la época"... aunque no todo el mundo opinaba igual: júbilo, en su nota del 7 de marzo para *El Universal Gráfico*, señalaba que además de ir muy mal los espectáculos, "ya nos cansó el disco de Cantinflas".

Desde las cuatro de la tarde del sábado 2 de abril, torearon redundantemente en la plaza de toros El Toreo Cantinflas, Manuel Medel, *Chicote* y *Alpiste*, un "ruidista" de la XEW que recibía en aquella tarde la alternativa. Los cuatros toreros bufos se disputaron la Oreja de Barro lidiando a muerte bravos toretes de San Fernando. Por la noche, Mario Moreno actuaría en la revista *Oro negro*, sobre la expropiación decretada por Lázaro Cárdenas diecicéis días antes, y en *La canción de los lagos*, llamada anteriormente *De Chicago a Michoacán*, en obvia referencia al origen del presidente.

A fines de ese mes empezó a salir la publicidad del "espectáculo más mexicano... sin charros": la película *Águila o sol*, cuya premier fue el 4 de mayo a las 21:30 en el cinema Palacio (luneta: tres pesos). Terminada la proyección, Cantinflas y Medel realizarían la primera de una serie de presentaciones personales para promover la película. Con todo y eso, *Águila o sol* duró pocos días en cartelera.

El viernes 22 de mayo de 1938 las funciones de tarde, moda y noche de *Las leandras* y *Dolorosa* en el Lírico fueron en honor del gran Cantinflas, "por su triunfo definitivo como primer actor cómico y popular estrella del cine nacional". Días después, además de presentarse en el Follies, el Kalifa de la alegría actuaba a las doce de la noche en el nuevo teatro Gran Casino, situado en el jardín de Santos Degollado, en el que se podía bailar al ritmo de la Orquesta de Solistas de Lauro Uranga ("que hoy es ya la mejor de México"), y presenciar "un espectáculo exclusivo para familias".

En el mes de julio, Cantinflas volvió a la política: promovió su candidatura a la presidencia de la república adelantándose al calendario electoral. El domingo 10 de aquel mes, el semanario *Rotofoto* —efímera publicación de José Pagés Llergo incendiada por fuegos lombardistas— anunciaba en su portada: "Cantinflas lanza su candidatura presidencial por conducto de *Rotofoto*". "Venga el petróleo y el petróleo vino, salga el petróleo, y no ha podido salir ¿por qué?, ahí está el detalle", opinaba en ella el mimo sobre la expropiación petrolera.

También comentaba la sublevación del general Saturnino Cedillo ("Al fin ¿qué tanto es el tiempo que nos tengan que esperar? Más esperó Cedillo y sin embargo no se le hizo"), y las opiniones expuestas por el máximo líder obrero:

"Que una mula come más que un campesino. ¿Qué es eso, Lombardo? ¿Por qué has cambiado tanto desde que te fuiste a Europa? Te desconozco". Después, identificándose como obrero, Cantinflas lanzaba su hilarante plataforma presidencial:

Yo quiero hablar a lo macho y lanzar mi candidatura para primer magistrado de la República. De plano yo me comprometo a velar por la causa del obrero desorganizado, unirlos fraternalmente como la CROM y la CTM, pero bien unidos ¡todos para uno y uno para los que sean! Quién quita y se me haga, porque mi programa es bueno. Repartiría un campesino para cada ejido y un quejido para cada campesino...

A principios de 1939 Mario intervendría en la última película para CISA: *El signo de la muerte*, dirigida por Chano Urueta, con argumento de Salvador Novo, director artístico de la empresa, y música de Silvestre Revueltas. Por esos días se hablaba de que CISA iba a producir *Los dos mosqueteros*, bajo la dirección de Chano Urueta y con Mario Moreno y Medel como protagonistas, pero el proyecto jamás llegó al celuloide.

El sábado 23 de diciembre de ese mismo año, mientras en el Follies Bergére brillaba el espectáculo de las campeonas norteamericanas en patines, y Cantinflas ("amo y señor de la gracia y el ingenio") aparecía en *Cantinflas camionero* y *Entre santos peregrinos*, estrenaron la cinta de "horror, comicidad y emoción", *El signo de la muerte* en el Alameda, cine que ostentaba con orgullo su clima artificial. Para apoyar el estreno de la película, Salvador Novo publicó en la revista *Hoy* una semblanza titulada "Cantinflas, al set", en la que narraba todos los incidentes sufridos durante el rodaje. Lo más interesante del artículo es la descripción del ambiente familiar de Mario Moreno:

Me llevó a su casa, furiosamente nueva, con muebles rabiosamente caros y radios en todas las habitaciones, en su gran automóvil... llevaba el radio encendido. Pero no había en ello ninguna pedante ostentación. Era el niño, feliz de enseñar sus juguetes, que vive en el hombre contento de poder ofrecer a su familia comodidades que él no disfrutó. A su madre le ha hecho otra casa en que nada le falta. En la que yo visité, Cantinflas vive con su esposa y [en la otra] viven su madre, su hermana, su padre, sus sobrinos —una colección de rusitos rubios que adelantan sus cabezas a la caricia de su tío Mario— y un chico recogido de la calle por Mario, y que lo llama papá. Adora a su guapa esposa, y en aquel comedor al que llegaron a sentarse hasta nueve personas inesperadas y heterogéneas, sentí que por primera vez me encontraba frente al ambiente cautivador, irreal, humano, generoso, de "vive como quieras".

Cortos publicitarios

En 1939, el publicista Santiago Reachi asistió al Follies Bergére para analizar la popularidad del cómico que encarnaba al "peladito" mexicano. Fue así como se le ocurrió organizar una caravana artística encabezada por el "señor de la risa", serviría para promover unos camiones de la General Motors con la cabina de mando instalada sobre el cofre —después llamados popularmente "chatos"— que no se vendían.

El éxito de esta campaña llevó a Reachi a formar, al lado de Manolo Ferrándiz, la compañía productora POSA Films y a contratar en exclusiva a Cantinflas para cortos de publicidad por cien mil pesos anuales, que el cómico cobraba permanentemente, además de otorgársele una considerable suma adicional cuando actuaba en una cinta.

De esta manera, POSA Films realizó varios cortos de publicidad con Cantinflas: *Jengibre contra dinamita* para la Canada Dry en 1939, *Cantinflas siempre listo* para las pilas Eveready en ese mismo año, *Cantinflas ruletero* para la Chevrolet en 1940, *Cantinflas en los censos* (1939) y *Cantinflas boxeador* (1940) inspirado en un sketch del Follies, así como el cortometraje "piloto" *Cantinflas y su prima* (1940). Todos ellos fueron "un éxito resonante y fijaron la fórmula que estableció cómo prefería el público a Cantinflas Si con bigote, o sin bigote, con peluca o sin ella, con cierto maquillaje o sin él... y el resultado fue definitivo".

Joaquín Pardavé y Cantinflas

Ahí está el detalle

El 25 de junio de 1940, en los estudios CLASA —ubicados en la calzada de Tlalpan—, se inició el rodaje de *Ahí está el detalle*, título que retomaba una "muletilla" de Cantinflas muy popular en ese entonces, y que a su vez lo había sido de una revista estrenada dos años antes en el Follies Bergére.

El argumento, escrito por Juan Bustillo Oro y Humberto Gómez Landero, tuvo una importancia vital para la configuración definitiva del personaje de Cantinflas, tan es así que la parte central de la cinta, el memorable juicio, habría de ser consagrada y autoparodiada por el mimo posteriormente en varias películas. Cuenta Bustillo Oro que cuando estaban planeando la cinta, el productor Jesús Grovas le comentó que en el cómico había un "as" escondido, pero que en sus películas anteriores —*No te engañes corazón*, *Águila o sol* y *El signo de la muerte*— los directores le habían permitido improvisar demasiado:

—Lo han parado ante la cámara sin el respaldo de un buen script y lo han dejado improvisar como lo hace en público. En el teatro tiene la guía de las reacciones de su público. En el cine no ha contado con esa inspiración. Escríbele algo realmente chistoso.

Bustillo Oro le respondió a Grovas que quizás escénicamente Cantinflas estaba mal acostumbrado, pero no sabía si el cómico estaría dispuesto a estudiar un libreto y aprenderse el texto.

—Pregúntaselo —le dijo—. Vamos a verlo al teatro Follies.

Casi a la fuerza, el cineasta fue al teatro de Santa María la Redonda. Al ver al cómico en el escenario, no le concedió arrestos para ascender a estrella cinematográfica.

—Cantinflas se sale de la buena escena —le susurró a Grovas, mientras veían al cómico desenvolverse en el foro—. Lo suyo es la plazuela.

—Por eso es un tesoro. ¿No te das cuenta? —respondió el productor.

Al terminar la actuación, ambos fueron al camerino de Mario. Al tenerlo frente a frente, Bustillo Oro reconoció al vago de su infancia: "¡Si era el *Chato* Moreno! El *Chato* Moreno, un holgazanillo de mis barrios de la niñez". Tras las presentaciones, Juan Bustillo Oro preguntó al cómico si podría ceñirse a un diálogo especial.

—Si de eso pido mi limosna —aseveró—. Si aquí no hago caso de los libretos e improviso constantemente, es porque tienen poco chiste. Tráiganme un script. Si el argumento y los diálogos son realmente de chispa, me canso de aprendérmelos y de sujetarme a lo que sea.

Ahí mismo Grovas contrató a Cantinflas y Bustillo Oro se vio comprometido a escribir un argumento para un cómico del que no estaba seguro. Pensó en adaptar *El Periquillo Sarniento*, la novela de Fernández de Lizardi que narra las andanzas de un pícaro novohispano, pero la idea no entusiasmó al productor: deseaba una cinta de ambiente actual. Entonces Bustillo Oro describió a un pícaro enamorado que por equivocación es enjuiciado en público por matar a un perro. Para recrear el juicio, el cineasta revivió su paso por los tribunales de la cárcel de Belén, donde las clases marginadas quedaban atrapadas en los kafkianos vericuetos del Poder judicial. Para 1940, los jurados populares habían ya pasado a la historia (Portes Gil los abolió en 1929), pero para el cine y el teatro seguían —y siguen— funcionando. Los juicios populares de mayor interés fueron los del magnicida José de León Toral, quien acribilló a tiros al presidente Obregón en 1928, y las numerosas autoviudas de principios de los veinte. Asimismo había unos más bien hilarantes como el del criminal Álvaro Chapa Fernández, a quien podría considerarse un precursor de Cantinflas, sólo que en místico y en la vida real: el viernes 25 de septiembre de 1925, *Excélsior* informaba sobre el juicio a este sujeto, involucrado en el asesinato del árabe Manuel Salomón. En el extenuante interrogatorio, el hombre ofreció alucinantes respuestas que hacían desternillarse de risa a los presentes:

> Soy hijo de mi madre, la que tuvo tres hijos que fueron los Reyes Magos. Yo maté al sabio Salomón porque me dijo una mujer que él había matado a mi madre. Y soy el "Patriarca del Pocito". Los otros Reyes Magos, mis hermanos, son Desiderio y Juan...

Durante el rodaje de *Ahí está el detalle*, Bustillo Oro comprobó la buena disposición y voluntad de Mario Moreno: "De vez en cuando deslizaba alguna agudeza de su ingenio, siempre graciosa pero a veces fuera de situación. Si ocurría lo primero, dejaba correr la escena; si lo segundo, detenía la filmación, modificaba el diálogo de modo que la ocurrencia viniera bien, y proseguíamos". La cinta se terminó de filmar el 16 de julio.

Luego de una temporada de altibajos en el Follies Bergére y mientras Agustín Lara aparecía en *El detalle está en La Habana*, Mario Moreno actuó el 7 de septiembre de 1940 en la revista *El informe de Cantinflas*, donde representaba a un reportero que detallaba a su jefe de información (el *Chino* Herrera) los pormenores del informe presidencial. Por aquellos días, aguerridas gacetillas publicitarias anunciaban el estreno inminente de *Ahí está el detalle* (una "*Blitzkrieg* de carcajadas", la "Quinta Columna de la alegría"), cuya premier fue a las once de la noche del miércoles 11 en el cinema Palacio de la ciudad de México. Para el viernes 13 se anunció en el cine Alcázar de Tampico y para el domingo 15, en "estrenos simultáneos", en el cine Díaz Mirón de Veracruz, el Eréndira de Morelia, el Coliseo de Puebla y el Pineda de Pachuca, Hidalgo.

El exitazo que tuvo *Ahí está el detalle* significó para Grovas una bonanza económica inesperada, por lo que trató de hacer firmar en exclusiva a Mario, quien exigió quince mil pesos por película. Según Bustillo Oro, el productor le ofreció doce mil: "Yo, por decencia profesional y en contra de mis intereses, le aconsejé a don Jesús que cediese. Cuando se decidió, después de pensarlo mucho, ya era tarde. Gente más avispada se le había adelantado y había cautivado a Mario Moreno".

La "gente más avispada" era Santiago Reachi, quien había descubierto el filón de oro tras el actor, adelantándose al reservado Jesús Grovas. Después de los exitosos cortos publicitarios, Reachi invitó a Mario Moreno —y éste a su vez a Jacques Gelman, un distribuidor ruso de películas francesas— para reconstituir POSA Films. Mario estaba de viaje en Los Ángeles mientras se daba a conocer que había firmado un contrato de exclusividad con esa productora por cinco años. La primera "superproducción" de la compañía fue *Ni sangre ni arena*, —parodia de la obra *Sangre y arena* del hispano Vicente Blasco Ibáñez, mundialmente conocida a través de la versión hollywoodense— que comenzó a rodarse en marzo de 1941. En ella Cantinflas exhibía sus conocidas cualidades de torero bufo. Sin embargo, el director de la cinta, Alejandro Galindo, renunció tras lidiar contra la dificultad del mimo de apegarse a lo escrito en el guión, de manera que el propio Mario y Reachi ascendieron como director a quien fungía como asistente de Galindo: Miguel M. Delgado, quien a partir de entonces sería el cineasta de cabecera de Cantinflas durante más de cuarenta años (hasta 1981 en que hicieron juntos su última comedia: *El barrendero*). El argumento de *Ni sangre ni arena* era de Jaime Salvador, quien también estuvo ligado durante mucho tiempo a POSA Films. La película fue estrenada de manera triunfal el 22 de mayo y fue distribuida con gran éxito por la compañía de Grovas en España, Centro y Sudamérica.

El 10 de agosto de 1941, Mario Moreno mandó publicar la siguiente carta aclaratoria, escrita en una hoja membretada de la presidencia del consejo de POSA Films:

Me ha extrañado sobremanera que se haya venido anunciando una película con mi nombre y que sus gestadores intitulan pomposamente *Carnaval en el trópico*, haciéndome aparecer como una de las figuras principales en dicha película y haciendo constar que es de una hora y media de duración. Seguramente se trata del aprovechamiento de unas cuantas escenas que se tomaron de mi reciente visita a Jalapa, con motivo del Carnaval, por cuyas escenas no recibí compensación alguna, ni di autorización para que se aprovecharan en una película de explotación comercial. Considero una obligación poner a salvo tanto los intereses del público como el de los exhibidores, por lo que me he permitido hacer estas aclaraciones, haciendo constar además, que mi última película fue *Ni sangre ni arena* y la próxima será *El gendarme desconocido*, ambas filmadas por POSA Film S.A. de esta capital y de la que soy artista exclusivo.

POSA Films

Cinco días después de esta aclaración se empezó a filmar *El gendarme desconocido*, en la cual Cantinflas y su novia (Gloria Marín) se ven inmiscuidos en varios líos con unos hampones. Cantinflas actuaba como el agente 777, personaje que posteriormente apareció en *El bombero atómico* (1950), y en el refrito lamentable *El patrullero 777*, de 1980.

El 13 de marzo de 1942, Mario Moreno fue elegido secretario general de la ANDA, la agrupación teatral formada en 1934 para representar a los actores de toda la República. No es extraño que Mario, siempre preocupado por que su gremio fuera bien remunerado, obtuviera ese puesto, quizás también debido a su popularidad.

Días después de ser elegido, fue a torear a Laredo, Texas, e inició su primera gira por Sudamérica en calidad de actor y empresario. En aquel momento, Cantinflas estaba ya totalmente desligado del teatro y los socios de POSA Films buscaban la manera de que cada película superara en ganancias a la anterior. Santiago Reachi era de la opinión de que Mario debía abundar en la recreación del "peladito" en sus no tan infinitas variantes. Por el contrario, el ruso francés Gelman quería que el mimo se "internacionalizara", y de esta manera aprovechar sus propios contactos en Europa. Después del éxito de *Ni sangre ni arena* y de *El gendarme desconocido* —cuyos guiones fueron propuestos tal vez por Reachi—, Gelman insistió en parodiar novelas, películas y obras famosas (*Los tres mosqueteros*, *El circo* y *Romeo y Julieta*), para después proponer adaptaciones de argumentos franceses llevados al celuloide. A juicio del historiador cinematográfico Emilio García Riera, *Los tres mosqueteros* (que se comenzó a rodar el 8 de junio para estrenarse en agosto) develó la verdadera identidad de Mario Moreno, su "imagen grotesca de nuevo rico". Santiago Reachi recuerda que Gelman, en el colmo del delirio por la desacralización literaria, insistió en doblar la película al francés: obviamente en Francia no gustó, y su distribución falló. En esa misma línea se encontraba *El circo*, filmada en noviembre con el fin de penetrar en el mercado norteamericano. En ella se homenajeaba a Chaplin en detrimento de su personaje. Mediante el mismo razonamiento, *Romeo y Julieta* buscaría llegar hasta el público inglés, adorador de Shakespeare.

Siguiendo la línea internacionalista, Mario organizó y encabezó otra gira a varios países de Sudamérica en 1943: Guatemala, Panamá, Venezuela, Colombia, Perú, Chile, Argentina y Brasil, itinerario que consignaba en su propia columna "Cantinflas dice…", publicada en la página editorial del *Novedades*. En el artículo titulado "Me voy al sur…" del 20 de febrero, expresaba en son de chunga:

> Ya me metí en este asuntito de la escribidera, y ora me aguanto. No está pa' saberlo, ¿verdad?, pero fíjese que me voy de viaje. ¿Y sabe a qué voy? ¡Voy que no! Pos a toriar a Panamá y a Lima, y luego de allí me salto pa' Brasil. ¿Qué quiere que le traiga? Usté qué dijo… ¡ya me trajo a Carmen Miranda! Pos no, señor: lo más que le puedo trair es un perico que baile carioca.

La primera escala sería en Panamá, pero el mal tiempo obligó a que el avión aterrizara en Managua, Nicaragua, provocando una "inusitada sensación", y un tumulto de policías tratando de contener al millar de nicaragüenses que se había precipitado a conocer al astro mexicano y saludarlo ahora sí que "en bola". Con gran habilidad publicitaria, Cantinflas no dudó en recorrer la ciudad. Luego comenzaron a apiñarse las multitudes en sus presentaciones en el club Terrazas —centro de reunión de la alta sociedad por excelencia—, y en los estudios de la radiodifusora La Voz de América Central, "desde cuyos micrófonos envió un cordial saludo al pueblo nicaragüense", al que prometió volver a visitar de regreso de su gira. Culminó su inesperada visita cenando con el conde Miguel de Escoto y Muñoz, y pernoctando él y su compañía en la casa Sotelo, para continuar el viaje al día siguiente. Antes de subir a la cabina del avión exclamó: "¡Qué grata noche he pasado en Managua!... Dan ganas de no irse."

De nuevo en México, Mario intervino el 20 de mayo en la filmación de *Romeo y Julieta*. Por aquella época, el actor sostuvo un tórrido romance extraconyugal con la rubia Charito Granados, joven actriz nacida en Argentina de padres mexicanos que debutó en México con la cinta *Adulterio* (1943), para mayor indiscreción. Cantinflas y Charito procrearon un hijo, Mario Ficachi, que en su edad adulta tendría un gran parecido con el cómico.

A fines de 1943, Mario fue contratado de urgencia por el ventrílocuo ecuatoriano Paco Miller para apuntalar la temporada en el teatro Iris, en cuyo escenario Agustín Lara, Miguelito Valdés, y otras estrellas desconocidas —entre las que se encontraba un pachuco de apodo Tin-Tan—, apenas lograban atraer al público. Así, el martes 9 de noviembre se anunció con gran estrépito el retorno a las tablas de Cantinflas, el cómico máximo de las Américas, quien debutaría el viernes 12 actuando en dos sketches escritos especialmente para él por Alfredo Robledo, al lado de Paquita Estrada, "la muñequita que se volvió vedette" y de Marcelo Chávez, "el gran compañero de Cantinflas". Los títulos de una gacetilla alabaron durante los siguientes días el éxito rotundo de la función: "Mucho público se quedó sin poder entrar anoche en el Iris", "fantástico tumulto de público que agotó las localidades".

En la fotografía de esta gacetilla aparecía el entonces embajador de Chile en México, Schnake Vergara, acudiendo supuestamente "al sensacional debut de Cantinflas con Paco Miller".

Cantinflas impulsó indirectamente a Tin-Tan y le heredó a su público. El viernes 19 de noviembre, otra gacetilla aclaraba:

> Anoche cumplió una semana el Iris con el cartelito de "Agotadas las localidades" y hoy se inicia un extraordinario programa con estrenos de gran sensación. Cantinflas, el ídolo de las Américas, señor del detalle y la gabardina, ha marcado en esta temporada con el Espectáculo de Estrellas de Paco Miller y Don Roque un verdadero récord sin precedente.

Sin la contratación de Mario Moreno en el Iris, además de la inminente quiebra de Paco Miller, quizás Germán Valdés hubiera tardado años en darse a conocer en la ciudad de México. El genial pachuco así lo reconoció en público más de una vez.

Cantinflas y Tin-Tán

Sindicalista

Amediados de enero de 1944, los ingenieros yucatecos Tomás López y Manuel Amabilis terminaron de remodelar y ampliar el primer hogar para artistas retirados: la Casa del Actor, magna obra sindicalista que Mario Moreno impulsó en su calidad de cuarto secretario general de la ANDA.

Con un jardín de 2 200 metros cuadrados, el flamante asilo, situado en Tiziano número 34, Mixcoac, y adquirido hacía cinco años por Jorge Mondragón en cuarenta mil pesos, estaba destinado a dar en forma gratuita alojamiento, ropa, alimentos y servicios a aquellos actores que comprobaran haber trabajado 25 años ininterrumpidamente, o quince en el caso de las actrices. Según los periódicos, la remodelación y el mobiliario costaron 160 mil pesos, pagados por instituciones (el DDF prometió un subsidio mensual de 250 pesos, además de una aportación de 10 mil) y particulares —el general Maximino Ávila Camacho, hermano del presidente, poderoso secretario de Comunicaciones y Obras Públicas y amigo de Cantinflas, colaboró con 20 mil. Mario Moreno donó entre 20 y 35 mil pesos que ganó en varias corridas de toros a beneficio del asilo. Inaugurado el edificio, el patronato presidido por él mismo dio la bienvenida a las primeras huéspedes: Elvira Tubet, de 92 años, y Enriqueta Monjardín, de 78.

La Casa del Actor se inauguró el 20 de febrero. A esta ceremonia asistieron, además de funcionarios, políticos y estrellas de la época, Esperanza Iris, María Teresa Montoya, Columba Quintana, Sara García, Gloria Marín, Prudencia Griffel, Sofía Haller, Juan José Martínez Casado, Virginia Manzano, Jorge Negrete, el cómico Roberto el Panzón Soto, los hermanos Soler y Salvador Carrillo, el turbio líder de los actores cinematográficos.

Pasados los discursos oficiales y unas desangeladas palabras de Mario Moreno, la veterana Esperanza Iris, conocida en México y el mundo durante los años veinte como la Reina de la Opereta, destacó en su calidad de vocal del patronato los esfuerzos del secretario general de la ANDA y de Jorge Mondragón por conseguir esa nueva morada, por lo que pidió a los presentes dar gracias a "Dios, a Cantinflas y a Jorge Mondragón por el beneficio recibido", en ese orden.

En julio, Mario empezó a colaborar en *Don Timorato*, "revista semanal humorística", y el 18 de agosto de ese 1944 se estrenó en el cine Metropolitan *Gran Hotel*, filmada en marzo. La premier fue tan tumultuosa que la sofisticada y aristocrática Dolores del Río tuvo que ver la función sentada en la escalera de la sala. En la cinta, Mario interpretaba a un mesero que se lucía bailando involuntariamente una danza apache, y a un botones metiche que se veía envuelto en graciosos enredos con los huéspedes extranjeros del hotel a causa del robo de un codiciado collar.

A fines de agosto empezaron a correr rumores sobre el actor: se decía que iba filmar con Charles Chaplin, que viajaría a Argentina (además de ofrecer "becerradas") y que firmaría un jugoso contrato con la RKO Radio Pictures en Hollywood para actuar en una cinta en inglés. Por su parte, él declaraba a *Novelas de la pantalla* que volvería a la Meca del Cine para concretar el convenio entre POSA Films y RKO Radio según el cual iba a filmar una cinta en la ciudad de México y otra en Hollywood, en total cinco películas (una al año) en versiones bilingües:

> En diciembre, regresaré a los Estados Unidos. Para entonces, ya el argumento debe haber sido autorizado... Y, desde luego, empezaremos a rodar las dos versiones, inglés y castellano, de la obra. En la primera, es posible que figure en el reparto, George Murphy... Respecto al director que señalarán, aún no conozco las ideas de la RKO.

Sin embargo, Mario desmintió que Charles Chaplin y él fueran a intervenir dentro de poco en una cinta titulada *Don Quijote y Sancho Panza*:

> En esta última visita a la Capital del Cinematógrafo no logré cambiar impresiones con Chaplin, más que por teléfono... Por lo tanto, si Charlie, mi gran amigo, piensa trabajar conmigo, es algo que ignoro por completo. Realmente, no sé cómo los periodistas pudieron enterarse de algo semejante.

A pesar de que su fortuna se había incrementado en el año, tras haber adquirido una gasolinera en la calle de Hamburgo —o en Insurgentes y Dinamarca—, el final de 1944 no fue muy halagüeño para Mario, ya que no se concretó en Estados Unidos su contrato con la RKO: tendría que esperar más de una década su ansiada internacionalización profesional. Para el cine mexicano, 1945 representó un año de intensa actividad sindical y de luchas intergremiales que repercutieron, desde luego, en la actividad cinematográfica del país. En ellas, Mario desempeñó un papel protagónico. Quizás su interés por la política se acabó ciñendo a su gremio a raíz de una reunión de políticos y gente de la farándula con Maximino Ávila Camacho, en la que entre risas y veras fue puesto en su lugar. En ella, el hermano del presidente Ávila Camacho había externado sin tapujos su intención de apoyar a Javier Rojo Gómez o a Gonzalo N. Santos, en contra de la candidatura de Miguel Alemán a la presidencia de la república. Mario quiso intervenir y al calor de las copas no hizo más que mencionar repetidamente al pueblo para terminar diciendo: "Aquí todos ustedes son políticos menos el licenciado Rojo Gómez y yo". Todos soltaron una carcajada y Gonzalo N. Santos le señaló a Mario: "Tú no tienes idea de estas cosas, el licenciado Rojo Gómez es un político nato; tan político como yo y todos los que estamos aquí presentes". Mario preguntó a Rojo Gómez si aquello era cierto, y éste le respondió con caballerosidad que no tan buen político como el general Santos, pero sí era un político. Y como Cantinflas, en la borrachera, quiso seguir hablando del pueblo, Gonzalo N. Santos le espetó: "Tú cállate y háblanos en tu idioma, tú no conoces al pueblo, tú conoces al público..."

Por esa época, Mario intervenía en el rodaje de la película semibélica *Un día con el diablo*, (que por cierto contenía algunos *gags* de *Duck soup* [1933], la cinta de los hermanos Marx) en donde interpretaba a un voceador que sueña con escenas de guerra para después visitar el infierno y el cielo.

Terminado el rodaje, y el festejo por el primer aniversario de la Casa del Actor, el ahora productor y actor pugnó por legalizar el Sindicato de Trabajadores de la Producción Cinematográfica de la República Mexicana (STPC). Esta asociación se había separado en febrero del Sindicato de Trabajadores de la Industria Cinematográfica (STIC) porque su secretario general, Salvador Carrillo, golpeó en plena asamblea el rostro del camarógrafo Gabriel Figueroa cuando éste lo acusó de malversación de fondos y complicidad con el líder anterior (Enrique Solís, tío de Jorge Negrete).

El 3 de marzo, en el teatro Fábregas, Mario fue elegido secretario general del STPC, mientras que Jorge Negrete quedó como secretario de Conflictos y Figueroa como secretario del Interior. Esta nueva agrupación no fue del agrado de la CTM, cuyo líder, Fidel Velázquez —heredero de Vicente Lombardo Toledano—, apoyó desmedidamente a Carrillo, quien a su vez atacó al cómico de "divisionista" y "fascista". Una semana después, Mario Moreno — ya como dirigente del STPC— y Fidel Velázquez se entrevistaron con el licenciado Manuel R. Palacios, subsecretario de Trabajo y Previsión Social, con el fin de encontrar una solución al problema. Al salir de la reunión, un reportero de *El Nacional* pregunto a Cantinflas si era "fascista":

Yo, ¡fascista! ¡Yo admirador de Hitler! Al diablo con esas cosas. Soy más demócrata y amante de la libertad que muchos. Y si no que lo digan quienes me conocen de cerca, quienes saben cómo pienso, cómo vivo, y cómo quiero a las gentes humildes... Estoy seguro que antes de una semana quedará concluido el conflicto. El público conoce bien los antecedentes del lío cinematográfico y ha colocado a cada quien en su sitio.

Confiado en que la reunión con el subsecretario de Trabajo bastaría para obtener el registro correspondiente, Mario organizó un mitin informativo al día siguiente en el local del sindicato — Paseo de la Reforma número 90—, al cual asistieron, entre otros artistas, la rutilante estrella María Félix (quien vivía un apasionado matrimonio con Agustín Lara), Dolores del Río, María Elena Marqués, Mapy Cortés, Esther Fernández, Martha Elba, Pitulca de Foronda, los hermanos Soler, David Silva y, entre los cineastas, Alejandro Galindo, Roberto Gavaldón y Adolfo

Fernández Bustamante. Muy optimista, Mario Moreno aseguró al hacer uso de la palabra que el paro cinematográfico estaba en "vías de resolverse".

La noche del 14 de marzo, la Secretaría de Trabajo y Previsión Social terminó de contar 3,368 miembros y reconoció jurídicamente el nuevo organismo. Ni el STIC ni la CTM, al conocer la noticia, se quedaron con los brazos cruzados. A los dos días, la central obrera llevó a cabo un paro nacional en los cines donde se proyectaban películas mexicanas de las 18:00 a las 19:00 horas, y el STIC emplazó a huelga a la compañía productora y distribuidora Films Trust, de la que se decía —infundadamente— que Mario era socio. Por su parte, el STPC ofreció a la prensa capitalina el martes 20 un banquete en uno de los salones del cabaret Sans-Souci, para demostrar su invencible unidad obrera.

El 9 de abril, durante una asamblea de la CTM, Fidel Velázquez reconoció aparentemente al STPC. Luego propuso que éste se reintegrara al STIC para disolverse después, y así permitir la formación de dos nuevas secciones: la producción, y la destinada a la distribución y exhibición. Los miembros del STPC aceptaron la propuesta con la condición de que Salvador Carrillo no volviera a ocupar ningún cargo directivo dentro del STIC. En su intervención en plena asamblea, Mario Moreno volvió a negar que fuera fascista y recordó cómo la agresión de que fue objeto Gabriel Figueroa había provocado el movimiento de los cinematografistas ("antes de eso, hubo otro para expulsar a un líder corrompido, Enrique Solís", dijo en un involuntario cantinflismo). Negó que fuera divisionista y que fomentara una lucha entre los obreros del cine, lo que sería criminal y antimexicano:

Nuestro sindicato ha sido legalmente reconocido por las autoridades del Trabajo. Estamos de acuerdo en cancelar inmediatamente su registro, al asegurarse de la unidad honesta del STIC y al garantizarse la solución total del problema. Consideramos que esa es la única forma de hacerlo. Yo creo que mis palabras han sido sinceras...

El problema parecía resuelto, pero los dirigentes del STIC, apoyados por Fidel Velázquez, volvieron a atacar: el STPC había logrado el contrato colectivo de los estudios y laboratorios CLASA, Azteca y Stahl, obteniendo un aumento salarial de entre el 30 y 80 por ciento, por lo que los seguidores del "gángster sindical", Salvador Carrillo, amenazaron con tomar las instalaciones para que estallara la huelga. En un desplegado firmado el 18 de julio, el Comité Central del STPC explicaba los orígenes de este nuevo enfrentamiento y preguntaba:

¿Cómo es posible que un tipo de la talla moral de Salvador Carrillo, pueda mantener indefinidamente una amenaza de huelga sobre los estudios y laboratorios sin contar con un solo trabajador? ¿Cómo es posible que los auténticos trabajadores de esos centros de trabajo estén indefinidamente amagados con un asalto, pues no otra cosa tiene que ser la pretendida huelga del STIC?

Ante las amenazas del STIC, los dirigentes del STPC habían decidido "permanecer acuartelados" en los estudios y laboratorios mencionados, y retaban a sus contrincantes diciendo: "que vengan los pistoleros a sueldo de Carrillo a tratar de perturbar nuestro trabajo, que intenten manchar la bandera de los trabajadores honestos".

Armados con pistolas, rifles y escopetas, los dirigentes del STPC y numerosos seguidores se atrincheraron en los estudios. Pusieron barricadas y alambradas electrizadas. Se llegó a decir que CLASA estaba minada. Gabriel Figueroa quedó al frente de los Azteca, y Jorge Negrete y Mario Moreno de los CLASA. El *Charro Cantor* con su ametralladora parecía protagonizar la cinta *Gángsters contra charros* de Juan Orol, y Mario Moreno, fusil al hombro, simplemente continuaba el rodaje de *Un día con el diablo*. Durante varios días vivieron horas de angustia atrincherados en los estudios, pero el tan temido asalto nunca se produjo a pesar de las bravatas de los opositores.

A mediados de agosto hubo un nuevo enfrentamiento entre el STIC y el STPC: al filo del medio día del viernes 24 de ese mes, representantes de ambos sindicatos, Fidel Velázquez y el secretario de Trabajo y Previsión Social, Francisco Trujillo, se reunieron con el presidente Manuel Ávila Camacho para resolver el conflicto definitivamente. La audiencia duró más de tres horas y, a decir de Gabriel Figueroa, Mario protagonizó otra escena de película. El mandatario los había conminado a la cordura solemne y patrióticamente:

—Ahora les voy a pedir que los dos grupos trabajen en armonía, para bien del cine mexicano. Porque les quiero decir que tengo en igual estima a los dos sectores.

Mario pegó un brincó y le espetó a quemarropa:

—A mí de plano me da vergüenza lo que está pasando. Yo me voy a trabajar fuera de México. No acepto lo que acaban ustedes de decir. Señor presidente, ¿cómo puede tener usted en igual estima a esta partida de ladrones y a este grupo de trabajadores honestos?

Reponiéndose de la sorpresiva respuesta y al advertir que el protagonista de *Un día con el diablo* escapaba del salón, el "presidente caballero" lo detuvo:

—Mario, te voy a poner una sanción por faltarle al respeto al Presidente de la República.

—Sí, señor.

—¿Vas a aceptar mi castigo?

—Sí, señor.

—Vas a invitar a comer a estos señores —dijo el Presidente, señalando a los del STIC—. Yo pago.

—¡Ni así! Yo con estos rateros no me siento en la mesa.

Tras esta insolente respuesta, según Figueroa, "se armó la bronca. Nos salvamos en medio de una incontrolable confusión. Este incidente no se publicó jamás". Lo que publicaron los periódicos del sábado 24 de agosto fue que tanto el STIC como el STPC presentarían por escrito para el lunes 26, sus respectivos puntos de vista para resolver el prolongado conflicto. Finalmente, en un memorándum fechado el 3 de septiembre y enviado a Fidel Velázquez, el presidente reconocía carecer de "facultades constitucionales para resolver un problema del régimen interno de organizaciones de trabajadores, régimen inviolable, pero a petición de esa central, de las organizaciones en pugna y porque se trata de un problema que interesa vivamente a la nación", dio su fallo: el STIC se encargaría de la distribución y elaboración de noticieros y el STPC de la "producción de películas en estudios cinematográficos y exteriores". Además, propuso que se llevara a cabo "la fusión de los organismos en conflicto, en un nuevo organismo sindical, único". El apoyo de Ávila Camacho a las huestes de Mario Moreno fue contundente. Salvador Carrillo manifestó a la prensa que el mandatario no estaba "debidamente enterado del problema", por lo que su fallo era "antirrevolucionario y flagrantemente injusto".

A las once de la mañana del 10 de septiembre, se realizó una asamblea extraordinaria del STPC: en el Frontón México. Mario hizo en ella un recuento del problema, y propuso una manifestación para hacer patente su agradecimiento al mandatario. Encabezaron la marcha los miembros del Comité Central, Figueroa, Negrete y Mario Moreno. Gloria Marín empuñaba el lábaro patrio, flanqueada por Mapy Cortés y María Elena Marqués; Andrea Palma, Adriana Lamar, David Silva, Amparo Marqués, Carlos López Moctezuma y otros artistas las seguían. Detrás iban los directores, autores, guionistas, técnicos y manuales, filarmónicos y al final los extras. A las dos de la tarde llegaron a la Plaza de la Constitución con las mantas que decían: "Apoyamos el fallo del C. Presidente y exigimos su inmediato cumplimiento". "Pedimos al juez de la Undécima Corte Penal revoque caución concedida a Salvador Carrillo" y "Compañero Fidel Velázquez, con los trabajadores o los gángsters sindicales". Los dirigentes del STPC se encaminaron a el mandatario, quien no sólo los recibió en su amplio despacho sino que salió con ellos al balcón central de Palacio Nacional para saludar a los actores y escuchar sus justos reclamos. Al ver en el balcón al mandatario junto a sus compañeros, la hermosa Gloria Marín, estrella de *Crepúsculo* (1944) y amante de Jorge Negrete, profetizó: "Este es, el *knock out* definitivo al STIC".

Con este inobjetable triunfo del STPC, sin duda exitoso gracias a su caudillismo, Mario cerró brillantemente su actividad sindical, aunque no la propensión guerrera que lo había acometido ese año de 1945: en diciembre, en una posada que organizó Dolores del Río, en la que todos los invitados menos él ostentaron traje de pastor con sarape y sombrero de palma ("era el único civilmente vestido, y aun elegantemente; veo que ha abandonado sus Delicados por Philip Morris") Cantinflas arremetió a garrotazos contra todos los presentes, mientras fingía no hallar la piñata que le tocaba romper.

Su pasión
por los toros

Por su revolucionaria forma de torear en corto, el diestro cordobés Manuel Rodríguez, Manolete, escaló rápidamente los peldaños de la fama en España desde el inicio de los años cuarenta. En nuestro país, los aficionados seguían sus hazañas a través de la prensa taurina. Pronto se convirtió en un ídolo de la fiesta brava y, no en balde, en la cinta *Ni sangre ni arena* (1941) Cantinflas ocupaba el lugar de un prestigiado pero ficticio Manuel Márquez... *Manolete*.

En diciembre de 1945, el gran diestro hispano llegó a la ciudad de México en medio de una enorme expectación. En la plaza del Toreo de la Condesa, el domingo 9, día de su debut, cortó las orejas y el rabo al primer astado; sin embargo el segundo —"Cachorro"— lo cornó en el muslo izquierdo. En el sanatorio Ramón y Cajal, en la colonia del Valle, Paco Malgesto le hizo una memorable entrevista, en la cual le preguntó:

—Todos vimos al toro ir vencido... tú también lo viste... habría bastado dar un paso atrás ¿por qué no lo diste?

—Si hubiera dado el paso atrás... No sería *Manolete*.

Tras recuperarse en enero de 1946, volvió a dar muestra de su impavidez majestuosa y de su increíble toreo ceñido. Ante un lleno total de casi 50 mil espectadores, el 5 de febrero, en la inauguración de la Plaza México cortó la primera oreja que se dio en la plaza, "la más moderna y cómoda" del mundo. El domingo 17 de nuevo alcanzó la gloria y enloqueció a la afición, cortando las orejas y el rabo a "Platino" (algunos manoletistas delirantes exigieron la pata). Para aprovechar su histórica presencia, los empresarios no vacilaron en juntar al mejor diestro del mundo y a Cantinflas, considerado ya por esos años como el máximo torero bufo.

Hasta donde se sabe, Mario empezó a dar trapazos en agosto de 1936 en la placita de Vista Alegre. Al año siguiente y en la cinta *Así es mi tierra* (1937), volvió a torear. El 6 de enero de 1938, acompañado de los actores Manuel Medel y Pedro Armendáriz y de los cineastas Emilio el *Indio* Fernández, Arcady Boytler y Gabriel Soria, se presentó en el Toreo. Días después publicó "Éntrenle al toro", en *VEA*, donde ofrecía el siguiente consejo taurino:

Cuando ustedes vayan a toriar, citen al toro, con serenidad. Si acaso ven que el toro no se arranca, quiere decir que no acudió a la cita, por lo que hay que proceder inmediatamente a dictar una orden de aprehensión, y es entonces cuando ya entra la policía, porque verdaderamente, cuando el toro se arranca ya ni la policía le entra.

Posteriormente perfeccionó su tauromaquia, utilizando bolillos o periódicos en lugar de banderillas, acostándose en pleno ruedo a leer un diario mientras el novillo paseaba lentamente su mansedumbre, y creando graciosas suertes que lo hicieron famoso, como la "Cantinflina" y el pase "Circunvalación", que alguna vez describió así ante el torero regiomontano Lorenzo Garza, la controvertida *Ave de las tempestades*:

—Mira, mano, es como el natural tuyo de cuatro tiempos, pero éste no tiene tiempos, sino que tú, como sabes, te clavas en el centro de la arena, y citas al toro, lo empapas en el engaño, giras en redondo, pero sin moverte y sin terminar el pase, de manera que el toro da vueltas a tu alrededor como un camión del circuito de Circunvalación. ¿Has entendido?

—Ni por casualidad, mi viejo —respondió Lorenzo Garza, moviendo la cabeza.

En febrero de 1946, tanto Manolete como Cantinflas estaban en la cúspide de su fama, unidos por el arte de Cúchares, pero contrapuestos en la diversa manera de interpretarlo y en su temperamento: el español era un hidalgo serio a la hora de la faena, y el actor, abandonando su enredada y exitosa retahíla incoherente, exhibía en el ruedo a un desconocido y memorable Cantinflas mudo que traslucía la alegría, la irreverencia y el desenfado mímico del "peladito" de barrio.

El que fue considerado el espectáculo taurino "del siglo" tuvo lugar en el Toreo de la Condesa el martes 19 de febrero de 1946, a partir de las 16:30 horas. El programa lo encabezaban Manolete, el "Monstruo de Córdoba", y sus compatriotas Pepe Luis Vázquez, Pepín Martín —espada de tan sólo 18 años—, y los diestros nacionales Fermín Espinosa Armillita, Silverio Pérez y Luis Procuna. Los seis lidiarían novillos de Juan Aguirre, Conejo y Cantinflas, "Monstruo de la Gracia", se haría cargo de un torete de Heriberto Rodríguez. El cartel especificaba: "*Manolete* picará el novillo que toree Cantinflas". El asiento de sombra costó seis pesos y el de sol, tan sólo la mitad. Del acontecimiento —que no fue muy comentado en los diarios pese a su magnitud— sobreviven dos anécdotas y dos pies de fotografía que nos pueden aproximar a esa tarde festiva. En "Ayer en los toros", sección de *El Universal Gráfico*, del 20 de febrero, se publicaron cinco fotos del "espectáculo taurino". Dos de ellas correspondían al diestro hispano y a Mario Moreno. De la primera gráfica se decía:

¡Vaya par de monstruos! Manuel Rodríguez Manolete y Mario Moreno Cantinflas. El primero, monstruo del pase natural y de la seriedad y el segundo, mexicanísimo monstruo de la risa, que frente a los toros se trae lo suyo. En el grabado vemos al cordobés devolviendo la "montera" a Cantinflas y disponiéndose a darle un abrazo para agradecer la faena que le brindó ayer en el Toreo.

Y abajo de la segunda fotografía:

El trasteo de escándalo que hizo Cantinflas al toro que le brindó a "Manolete". Se cansó de torearlo y darle manoletinas y cantinflinas ajustadísimas, al compás de la Bamba, la Raspa y hasta algún tango compadrón, cortando oreja y rabo. Allá en la barrera "Manolete" se reía con ganas.

Esa fue la última vez que los dos colosos estuvieron juntos en un ruedo. En la temporada de 1946-1947, *Manolete* volvió a nuestro país pero ya no toreó al lado de Mario: en agosto de 1947, moriría en su patria víctima de una cornada de "Islero". El propio cómico narraría años después que terminada la lidia, mientras bebían unas copas, le dijo al diestro español para halagar su magnificencia:

— Manolo, a ti te dicen el Monstruo porque toreas en terrenos muy cortos y yendo siempre para adelante. Yo también soy el Monstruo, pero al revés, porque lo hago en terrenos muy largos y para atrás.

En la otra anécdota, Mario Moreno le recalcó su parquedad y seriedad innata. Hierático pero incisivo, el Monstruo de Córdoba le respondió al cómico:

—Es que si yo hablara como Cantinflas, ganaría los millones que tú tienes.

Sus éxitos en México y en plazas en Sudamérica hicieron crecer, durante la década de los cincuenta, su fama de torero bufo, aunque no su bolsillo porque casi siempre donaba el dinero recibido para obras benéficas. Fue promotor de la Unión Mexicana de Toreros Cómicos. Más adelante, su desmesurada bonanza económica como productor de cine le permitió convertirse en ganadero de reses bravas, como alguna vez lo había soñado, en su rancho El Detalle, localizado en Ciudad Valles, San Luis Potosí. Para ello fundó en noviembre de 1959 la ganadería Moreno Reyes Hermanos (constituida junto con sus hermanos José y Eduardo —su brazo derecho—) sobre tres fracciones de la ex hacienda de Cebúe, que perteneció al famoso diestro Carlos Arruza, situada a cinco kilómetros de Huixquilucan, Estado de México. Mario adquirió la propiedad sin conocerla, creyendo que era un vergel; grandes fueron su sorpresa y disgusto al encontrarse con una auténtica tierra baldía. Le retiró la palabra a Carlos Arruza, aunque años después los reconciliaron.

Para transformar la ex hacienda, de más de 550 hectáreas, en un impresionante rancho digno de su prestigio internacional y nacional, empezó por bautizarla con el nombre de La Purísima. Adquirió del ganadero José Antonio Llaguno, hijo del célebre criador Antonio Llaguno, el semental "Gladiador", el mejor que existía en el campo de la entonces gloriosa ganadería de San Mateo. También compró el semental "Cascabel" y cien vacas de vientre de Torrecillas, quedando así formado el pie de simiente de su campo bravo con sangre pura del Marqués de Saltillo. Además de erigir una capilla en advocación a la Virgen La

Purísima, mandó construir un tentadero, con corraletas y embarcaderos —al que llamó Cholita, en honor de su madre doña Soledad—, un lago artificial y un impresionante casco, en donde había baños turcos. Para la divisa, crespón y listones distintivos de toda la ganadería, seleccionó los colores obispo y oro.

Buscando proveerse de alimento para el ganado, en octubre de 1960 adquirió otro rancho denominado El Estanco, en el estado de Querétaro. El debut de la ganadería fue en una pequeña plaza de Jiquilpan, Michoacán, el 20 de noviembre de 1963. Los Moreno Reyes Hermanos no pudieron ofrecer un encierro completo, ya que uno de los bureles se lastimó peleando en las corraletas (otros testimonios aducen que salió mansurrón); sin embargo, ese día cortaron seis orejas.

En diciembre de 1963, llegó a México otro controvertido torero: Manuel Benítez, el *Cordobés*, quien al igual que *Manolete* dieciocho años antes, creó gran expectación entre los aficionados. Sus primeras presentaciones fueron desafortunadas, poco convincentes para el público conocedor —inclusive hicieron dudar de su calidad, a causa de algunas suertes antiestéticas de su propia creación, como el famoso y horripilante "salto de rana". A la siguiente temporada, Mario, en su calidad de ganadero, se hizo amigo del Cordobés y lo invitó a su rancho La Purísima, donde le preparó "carne a la Cantinflas" y paella a la valenciana. Después también le prestó su avión particular para que pudiera cumplir con su apretada agenda en nuestro país, antes de efectuarse la temporada grande en la ciudad de México. El 4 de julio de 1964, durante la segunda presentación de la ganadería Moreno Reyes Hermanos, celebrada en Tijuana, toreó el polémico Cordobés, alternando con Jorge el *Ranchero* Aguilar y Fernando de la Peña.

Para la temporada 65-66, los aficionados mexicanos se habían dividido entre los que estaban a favor del *Cordobés* y los que estaban en contra. Mario, demostrando estar "falto de agricultura" en ese momento, escribió un deslucido prólogo al libro *El Cordobés y sus enemigos*, escrito por L. Romero para contrarrestar las "diatribas" de Carlos León, el comentarista taurino de *Novedades*, quien aprovechaba cualquier ocasión para señalar que el *Cordobés* no sabía ni torear ni matar toros. En el prólogo, firmado el 30 de septiembre de 1965, Mario no daba razones demasiado convincentes para defender al torero.

El 6 de febrero de 1966, en la plaza de toros de Cuatro Caminos, la ganadería Moreno Reyes dio muestras de estar por volverse indispensable, seria y de prestigio. Aquella tarde, el matador hispano Antonio Ordóñez, uno de los alternantes, le obsequió al actor y ganadero un hermoso traje de luces, y el *León de Tetela*, el diestro poblano Joselito Huerta, después de darle cincuenta muletazos, indultó al increíble "Espartaco", hijo de "Gladiador". Fue una tarde inolvidable, en la que Mario dio vueltas al ruedo cual ganadero exitoso.

Adaptaciones

La noche del 19 de junio de 1946, Hugo del Carril y Libertad Lamarque —ambos argentinos radicados en México—, la famosa Virginia Fábregas y el cineasta Julio Bracho, entre otras celebridades, se encontraban en el teatro Arbeu presenciando el debut de la compañía argentina Teatro Cómico Luis Sandrini-Tita Merello. Cuando iban a dar las diez, el reconocido actor Andrés Soler anunció desde el escenario que Mario Moreno presentaría a este cómico sudamericano que visitaba por primera vez nuestro país. Sin moverse de su palco, Mario agradeció a Sandrini el haberlo presentado años atrás ante el público bonaerense, para quien Cantinflas era un total desconocido, pues aún no se proyectaban sus películas en Argentina.

Tras esta forzada presentación, Mario no tuvo la oportunidad de mejorar su agradecimiento a la aludida deferencia de Sandrini, ya que ambos estuvieron muy activos en los sets: el 8 de Julio Mario comenzó el rodaje de *Soy un prófugo*, que se filmó en los recién estrenados Estudios Cinematográficos del Tepeyac (bendecidos por el arzobispo Luis María Martínez). En la película, una adaptación de Jaime Salvador a *Prison Without Bars* (1938), Cantinflas y el *Chino* Herrera, implicados involuntariamente en el robo del banco en el que trabajaban, atravesaban mil peripecias huyendo de la justicia. Por su parte, Luis Sandrini interpretaba a finales de julio a Marco Antonio Gutiérrez en la cinta *La vida íntima de Marco Antonio y Cleopatra*, y en enero de 1947 intervendría en *El ladrón*, ambas producidas por la modesta Filmex.

Por aquel tiempo Mario, sin duda influido por su socio, el ruso-francés Jacques Gelman, dirigió sus intereses al cosmopolita París: adaptó tres argumentos franceses para sus taquilleros filmes. El primero fue *A volar joven*, que procedía de *Adémai Aviateur* (1934) y comenzó a rodarse en marzo de 1947, inaugurando un nuevo *hobbie* de Mario: los aviones. En esta cinta participó la hermosísima y malograda actriz Miroslava Stern.

Después, Mario comenzó el año de 1948 interviniendo, durante el mes de febrero, en el rodaje de *El supersabio*, adaptación de *Ne le criez pas sur les toits*, en la que interpretaba al ayudante de un sabio que descubre la fórmula del "Carburex", sustancia que convierte el agua en gasolina. Tras recuperarse de la extirpación de su apéndice, Mario se trasladó de nuevo a la capital francesa para conseguir los derechos de una historia que pensaba filmar, quitarle la distribución europea de sus cintas al empeñoso y hábil William Karol —Gelman quería que estuviera a cargo de su sobrino Levy—, y contratar a una deslumbrante compañía francesa de vodevil con la cual debutaría como empresario teatral en nuestro país.

En mayo de ese 1948, él y Jorge Negrete (entonces líder de la ANDA) se toparon en plena Ciudad Luz. El encuentro no fue muy cordial, pues habían pasado los años de camaradería. El día 18 de aquel mes, Jorge escribió una carta a su amante, la actriz Gloria Marín, donde le relataba el agrio encuentro que tuvieron. Por supuesto que Jorge trataba de demeritar a Mario ante la estrella, celoso tal vez de que ellos se hubieran conocido en los teatros-salones durante los treinta, y de la amistad que habían desarrollado al trabajar juntos en el corto *Jengibre contra dinamita* (1939) y en la película *El gendarme desconocido* (1941). Decía Negrete:

> Hoy vi a Mario, se va mañana a Roma, anda con Alfonso, está muy raro, muy engreído. Muestra aires de grandeza y ha adoptado unas actitudes que quieren ser majestuosas o de gran señor y le quedan muy mal, se ve grotesco, quiere aparentar lo que no es, ni será. Me dio pena oírlo hablar en tono de suficiencia, de cosas teológicas y filosóficas, pues a las dos palabras empezó a desbarrar y claro, ni gracioso parecía.

Mario tenía razones para mostrarse vanidoso con su ex compañero de armas sindicales: andaba por Europa en plan de productor multimillonario y para esa fecha ya tenía asegurada una compañía francesa con la cual estaba seguro de que deslumbraría al público de México; quizás por esto Jorge lo encontró "raro, muy engreído"

Al día siguiente, el *Charro Cantor* le informó a Gloria Marín que posponía su viaje a Holanda por temor a que, durante su ausencia, Mario cometiera la injusticia de cambiar a su distribuidor, William Karol.

Según él, este hábil delegado de la Asociación de Productores y Distribuidores de Películas Mexicanas en Europa y el Cercano Oriente, había realizado una labor admirable al doblar y promover algunas cintas nacionales (entre ellas *Historia de un gran amor*) que fueron un éxito en Francia, Italia y Marruecos, cosa que no habían podido realizar ni Jacques Gelman, cuando radicó en Francia, ni su inútil sobrino, el tal Levy. Según el *Charro Cantor*, Mario recurrió a todos los medios, inclusive los diplomáticos, para que Karol dejara de distribuir sus películas en Europa y le advirtió que "estaban en manos de ese judío ladrón". Jorge le comentaba a la Marín, haciendo mofa de su contrincante: "Imagínate, él hablando de judíos, y distribución extranjera teniendo a su lado a Gelman, Reachi y Levy, ¡es el colmo!"

En septiembre de 1948, Mario vuelve a los sets para filmar *El mago*, adaptación de la comedia de enredos francesa *Six heures a perdre*, donde lo confundían con el príncipe Krishnar, heredero de un reino árabe Arichi, y era llevado a formar un gobierno al estilo del sistema político mexicano ("las elecciones serán como se han hecho siempre: respetando el voto del pueblo para que gane el que yo quiera", le decía a un ministro).

Cantinflas en *El Mago*

Empresario y fracaso

En noviembre llegó a México por fin la compañía parisina contratada por este inexperto empresario, convencido de que con la puesta en escena de *Bonjour Mexico* revolucionaría nuestro teatro de revista. El estreno se retrasó varias semanas por problemas de alquiler del foro y líos intersindicales, lo que costó aproximadamente un millón y medio de pesos en gastos de hospedaje y alimentación de 55 elementos de la compañía en el lujoso hotel Virreyes, en Izazaga y San Juan de Letrán. Fue así como Cantinflas hospedó y dio de comer a Nicole Parente, Mona Gildes, las hermanas Burdeau, Tatiana Beresnevitch, la rubia Huguette Nox y a Fred Melé —imitador de Maurice Chevalier—, entre otros artistas, dignos representantes de un "teatro con refrescante champaña rosado y no quemado ajenjo existencialista", según dijo.

Después de librar todos los obstáculos y sin poder contratar a Agustín Lara —porque pertenecía al Sindicato Único de Trabajadores de la Música, contrario a la agrupación que controlaba los teatros—, el jueves 23 de diciembre, Mario Moreno debutó como empresario teatral. En enormes desplegados periodísticos, el actor invitaba a la función de gala de *Bonjour Mexico*, en beneficio de la Campaña Nacional de Construcción de Escuelas iniciada por el presidente Miguel Alemán. Cancelados los días en que era un desconocido artista de los teatros-salones, Mario podía darse ahora el lujo de exigir a los espectadores de luneta y plateas que concurrieran de "rigurosa etiqueta". Esa regia noche, a manera de disculpa dijo a los elegantes asistentes:

—Ustedes dirán que nos tardamos mucho —dos meses— para presentarles el espectáculo, pero si sacan bien las cuentas, se encontrarán con que estamos aquí antes de tiempo. Por lo regular, todas las cosas que vienen de París, siempre tardan nueve meses.

Como era de esperarse, las sofisticadas francesas de *Bonjour Mexico* habían quedado en desventaja frente a las atrevidas ombliguistas vernáculas, congregadas en el popular Tívoli y en otros foros. Poco después, Miguel Ángel Mendoza recomendaba a Mario en el *Cinema Reporter* que para reponerse del enorme desfalco del millón y medio de pesos, era impostergable que se fuera a presentar su espectáculo francés a Nueva York. Mario no hizo caso de esta benevolente e ingenua recomendación, pero tuvo que regresar al teatro, esta vez al Iris, y presentarse él mismo el jueves 3 de febrero de 1949 en la revista *Cantinflas en París* para así reponer algo del dinero invertido en su primera incursión como empresario.

La gran oportunidad internacional no llegaba y Francia dejó de ser su fuente de inspiración filmográfica, así que Mario volvió al cine mexicano: en mayo de 1950 participó en *El siete machos* —una parodia de las películas que protagonizaban Jorge Negrete y Pedro Infante—, y en noviembre en *El bombero atómico*, continuación de *El gendarme desconocido* (1941), dos cintas que merecen ser reconsideradas dentro de su filmografía.

Para septiembre de 1951, el actor intervino en el rodaje de una cinta de sesgo político: *Si yo fuera diputado*, que seguía la veta descubierta por Jesús Martínez, Palillo, veta muy desaprovechada en el cine. Esta película refleja el caldeado ambiente político formado por los partidarios del general Miguel Henríquez (opositores al candidato presidencial alemanista, Adolfo Ruiz Cortines), quienes habían empezado a hacer proselitismo desde hacía cuatro meses. Sin duda alguna el "henriquismo" fue el germen de esta cinta, para la cual Cantinflas tuvo que desempolvar y convertir en guión cinematográfico un viejo artículo titulado precisamente "Si yo fuera diputado", publicado ocho años antes en el periódico *Novedades*. La película se estrenó en enero de 1952, seis meses antes de que las reñidas votaciones presidenciales desembocaran en la sangrienta refriega de los henriquistas en la Alameda central de la capital. Para variar, no fue bien recibida por los perpetuos críticos del cómico, quienes pasaron por alto la ácida crítica política del peluquero interpretado por Mario y siguieron añorando al peladito de la "cintura caída" de otros tiempos. En junio, Mario actuó en *El señor fotógrafo*, filme inspirado quizá en su amigo Armando Herrera, conocido como "el fotógrafo de las estrellas", quien no sólo le tomó las primeras fotografías en los teatros-salones, sino que le compuso el pasodoble "Cantinflas", estrenado en los prestigiosos estudios de la radiodifusora XEW en septiembre de 1947.

En enero de 1953, antes de pisar por última vez el teatro en calidad de actor, vivió también su último episodio sindical: el sábado 10, la ANDA celebró una asamblea general extraordinaria en el teatro Esperanza Iris para revisar la sanción sufrida por Leticia Palma e investigar el destino de los fondos de esa agrupación. Mario, muy al tanto de los vericuetos sindicales, tras haber dejado la secretaría general nueve años antes, y de las gestiones de Julián Soler y del reelecto *Charro Cantor* que lo habían sucedido, asistió para apoyar a la hermosa artista tabasqueña, estrella de *En la palma de tu mano* (1950), y para acusar de malversación de fondos a Jorge Negrete, quien pretendía convertirse en el Fidel Velázquez de la asociación. En una exaltada asamblea, Mario arremetió durante dos horas 45 minutos, pero Negrete aclaró todos los cargos. Al final, los dos oponentes, ante la insistencia de sus seguidores y de muy mala gana, se dieron un fuerte abrazo en demostración de unidad.

Al día siguiente, acompañado de Palillo y de otros actores, el irritado Mario llegaba a la residencia de Leticia Palma en Anatole France, Polanco, para reiterarle su apoyo. A varios periodistas les confesó que no volvería a colaborar con Negrete. En Bella Brisa, su residencia de Acapulco, meditó sobre si debía continuar en la lucha sindical para las próximas elecciones; sabía que su planilla, conformada por Manolo Fábregas, Arturo de Córdova, Dolores del Río, Roberto Cañedo y Jesús Martínez *Palillo*, entre otros, no tenía la fuerza suficiente para acabar con la pretendida eternidad del Charro Cantor al frente de los actores. Luego de aquilatar sus posibilidades, decidió retirarse definitivamente de la contienda para consagrarse a los ensayos de *Yo Colón*. Jorge Negrete resultó electo secretario general por tercera ocasión.

MARIO MORENO

''CANTINFLAS''

PRESENTA

DIARIAMENTE A LAS 7.15 Y A LAS 10.15 P. M.

"YO COLON"

COMEDIA MUSICAL EN 2 ACTOS

LIBRO DE ALFREDO ROBLEDO   DIALOGOS DE ALFREDO ROBLEDO Y CARLOS LEON

MUSICA DE FEDERICO RUIZ

TITULOS DE LOS CUADROS:

ACTO PRIMERO

I.—1900.—Colón en tiempos de don Porfirio. (Ceremonia inaugural).

1953.—Colón, miembro del PRI, preside las Fiestas de la Primavera.

II.—'Por mi raza hablará . . . ., el fútbol americano

III.—Conversación musical.

IV.—'Por una sociedad sin clases. . . . de historia.

V.—¡No hay quinto malo! Sueño real.

VI.—Abra paso de reyes.

VII.—Pachanga en la Corte.

INTERMEDIO

¡ . . . . . Y la seguimos con la que sigue!

ACTO SEGUNDO

VIII.—En alta mar, rumbo al Nuevo Mundo (En Tercera Dimensión).

IX.—Motín a bordo.

X.—¡¡TIERRA!! . . . . ¡Pa las macetas!.

XI.—A merced de los salvajes o en el imperio de los Monopolios.

XII.—Colón se retira de los toros.

XIII.—Ofrenda a los Dioses (O de eso pido mi limosna).

XIV.—El huarachazo a través de los siglos.

XV.—Cristóbal ¡levántate y jálate!

XVI.—Homenaje a la Raza Huehuenche

F I N

(. . . . . ¡y "juímonos", javan).

Participantes, argumentos, cantantes, personajes del pueblo, reinas, coreógrafos, utileros, maquinistas, pintores, escenógrafos, tramoyistas, iluminadores, sastres, maquillistas, etc.

Luneta Numerada $15.00

LUNETA PREFERENCIA $25.00

SERVICIO DE RESTAURANTE Y ESTACIONAMIENTO

Cine Mundial

Días después, Mario concretaba su deseo de fundar a trasmano un periódico destinado al mundillo cinematográfico nacional e internacional. El lunes 16 de febrero apareció *Cine Mundial,* cuyo primer director fue el periodista Isaac Díaz Araiza, su jefe de relaciones públicas, a quien conocía desde finales de los treinta en que era director de *VEA,* el "semanario moderno".

Se rumoró que la publicación era sólo costosa publicidad para respaldar su aparición en *Yo Colón* en el nuevo teatro Insurgentes, enclavado en la entonces lejana colonia San José Insurgentes. El millonario empresario José María Dávila, el "Médicis de la Revolución", según el título que le otorgó el patético humorista Carlos León, había proyectado la creación de este teatro deseando repetir el éxito de José Furstemberg en 1936, cuando forjó el Follies Bergére para entronizar al cómico. Los arquitectos Julio y Alejandro Prieto construyeron el nuevo coliseo y al muralista Diego Rivera, comunista siempre proclive a escandalizar a la sociedad católica mexicana, le correspondió realizar el diseño del frontispicio en mosaico vidriado. Encima de una máscara y entre héroes nacionales, colocó en el centro a Cantinflas, quien con su indumentaria característica recibe dinero de los poderosos, instalados sobre lingotes de oro, y lo entrega simultáneamente a los menesterosos, cual Robin Hood. Abajo de los ricos puso las cifras 1,000 000 y 9,000 (Es decir, que sólo había 9 mil millonarios en México) y abajo de los pobres 20 000,000 (veinte millones triplemente pobres). El mural, titulado "Teatro Histórico", provocó la indignación de los católicos porque Diego pintó en la "gabardina" de Cantinflas la imagen de la Virgen de Guadalupe, convirtiendo al cómico en un moderno Juan Diego. Acorralado por las críticas y las presiones, Rivera tuvo que borrar la imagen de la Virgen. Antes, cuando los reporteros le habían preguntado si no era contradictorio poner la imagen sagrada de los mexicanos en las hilachas del cómico, Diego manifestó: "No hay nada de contradictorio entre Cantinflas y la Virgen de Guadalupe, porque Cantinflas es un artista que simboliza el pueblo de México y la Virgen es el estandarte".

La compañía comenzó a ensayar *Yo Colón* antes de la Semana Santa. Amparo Arozamena, quien conocía al actor desde su época gloriosa del Follies Bergére y había sido su compañera en *El gendarme desconocido* (1941) y *El mago* (1948), recuerda que cuando se aproximó el Domingo de Ramos, Mario Moreno invitó a vacacionar a toda la compañía a los búngalos Valola, que inauguró en Acapulco, Guerrero.

El estreno del magno teatro de los Insurgentes fue el 30 de abril de 1953 con la puesta en escena de la revista *Yo Colón*, un "refrito" poco ingenioso de Alfredo Robledo y Carlos León de la exitosa pieza *El país de los cartones*, estrenada en 1915 por Carlos M. Ortega, Pablo Prida Santacilia y el músico Campanini (seudónimo de Manuel Castro Padilla). En *Yo Colón* menudearon los chistes suaves contra algunos funcionarios del presidente Ruiz Cortines y contra el exmandatario Miguel Alemán, quien había dejado la presidencia cuatro meses antes. Las críticas arreciaron contra el "malagradecido" Mario Moreno. Pepe Rojo fue el más violento porque le recordó los años "en que Mario Moreno cultivara la amistad y nos atrevemos a decir que el afecto del presidente Miguel Alemán y colaboradores inmediatos de que se rodeó para gobernarnos. Hubo un tiempo en que, al visitar Europa, el 'gendarme descocido' declarase que sus mejores amigos eran el presidente Alemán y el senador Carlos I. Serrano, y colmara de alabanzas al uno y al otro".

En forma espontánea y para curarse en salud, el empresario José María Dávila tuvo que señalar que las "ironías" vertidas por "determinado actor" le eran completamente ajenas; Mario, en junio, envió al director de la revista *Mañana* una aclaración, en el estilo cantinflesco, contra los "seudoperiodistas" que lo criticaban:

En cambio, aí tiene usté, señor direitor, que no faltan endeviduos deiconformes que sin motivo aparente, aparentan lo que no son y hasta se dicen periodistas, cuando que yo me los he clachado bien y francamente no justifican a tan respetable profesión.

En agosto de ese 1953, Mario se trasladaba a Corpus Christi en su avión (acompañado por Dolores del Río, Ninón Sevilla, Esther Fernández y las hermanas Julián) para ofrecer una función a beneficio de niños inválidos. En noviembre intervino en *Caballero a la medida*, donde interpretaba a un publicista ataviado de frac, que cargaba por las calles un letrero: "Soy feliz porque me viste Ortiz", y conocía al aburrido millonario encarnado por Ángel Garasa, de quien obtenía dinero para su labor filantrópica. A fines de octubre de 1954, participó en una cinta ambientada en el teatro: *Abajo el telón*, en la cual debutaría Christian Martell, Miss Universo 1954.

It's A
Wonderful World,
If You'll Only
Take The Time
To Go Around It!

Michael Todd's "AROUND THE WORLD IN 80 DAYS"
Starring DAVID NIVEN · CANTINFLAS · ROBERT NEWTON · SHIRLEY MacLAINE
Screenplay by JAMES POE, JOHN FARROW and S.J. PERELMAN
From the classic by JULES VERNE Directed by MICHAEL ANDERSON
Produced by MICHAEL TODD

Cantinflas y David Niven

La vuelta al mundo
en 80 días

Entre 1946 y 1950, Mario estuvo varias veces en Estados Unidos y cuatro en Europa. Además, tenía proyectos de filmar fuera de México. En aquella época, manifestó en una entrevista que estaba preparado para lograr el triunfo internacional, aunque mentía al decir que dominaba el inglés y hablaba el francés un poco, lo suficiente para hacerse entender. Sus deportes favoritos eran esquiar y tripular su pequeño avión, matrícula XB-PUP, para cumplir con sus numerosos compromisos en provincia. En él sufriría un aparatoso accidente en octubre de 1951, que no tuvo consecuencias graves.

Su tan deseada internacionalización llegó por fin en 1956, gracias en gran parte al inquieto productor norteamericano Michael Todd, quien fue de vital importancia para forjar la fama internacional de Mario. Este magnate había sido inventor del denominado Todd-AO, un complicado sistema de proyección opuesto al cinerama y al cinemascope, que Todd empezó a comercializar al llevar al celuloide *Oklahoma* (1955). Además de ser un importante productor cinematográfico y teatral, promovió espectáculos a través de la televisión estadounidense.

El 30 de junio de 1955, Todd organizó una espectacular transmisión con la participación de Canadá, Estados

Unidos y nuestro país. El 30 de ese mes las cámaras de la poderosa cadena norteamericana NBC, la NKVD de San Diego, y la XETV, el canal 6 de Baja California Norte, colaboraron para captar una audiencia televisiva de aproximadamente cien millones de personas en los tres países. El programa comenzó en Toronto, Canadá, donde fueron presentados diferentes números artísticos, continuó en Nueva York y culminó en Tijuana: desde ahí se transmitieron danzas autóctonas, además de una graciosa faena en la plaza de toros de esa ciudad fronteriza, famosa por sus bares, casinos y centros nocturnos, que durante los años veinte había convocado a sedientos norteamericanos y a estrellas de Hollywood.

Para cubrir esta información arribaron en un avión expresamente fletado doscientos periodistas de Chicago, Nueva York y Los Ángeles. También asistieron las luminarias cinematográficas Rita Moreno, Gilbert Toland, David Niven, Kirk Douglas, Humprey Bogart y Mickey Rooney. La atracción de esta corrida fue desde luego Mario Moreno, ante una plaza atiborrada por 10 mil personas que entraron gratis al importante espectáculo televisivo organizado por Todd. Cantinflas cobró veinte mil dólares (doscientos cincuenta mil pesos de esa época) por sólo trece minutos de faena, cantidad que ningún torero del mundo había soñado ganar. El novillo no podía ser sacrificado porque la corrida sería televisada a los Estados Unidos y Canadá, así que Mario lo "fulminó" dándole a oler su gastado zapato. Después dio vueltas al ruedo y saludó en los medios. Fuera de programa y para no desilusionar a los aficionados tijuanenses, regaló otro novillote, al cual hizo una hilarante faena para luego matarlo al primer intento, fuera de la vista de las cámaras y los protectores de animales.

Por la noche, Mike Todd ofreció un banquete en un lujoso restaurante de Tijuana, al que concurrieron todos

los periodistas norteamericanos y las estrellas hollywoodenses. David Niven y Mario platicaron animadamente
esa noche y no se percataron del borlote que armaron los
corresponsales de los diarios y revistas nacionales, ya que
el propietario del restaurante, Gonzalo L. Nava, un
"malinchista déspota" según uno de ellos, les impidió la
entrada y prohibió que se tomaran fotografías para los diarios de México, "hasta que intervino el representante
personal de Mario, Isaac Díaz Araiza, haciéndole ver su
falta de criterio, ya que prácticamente discriminaba a la
prensa de México".

A fines de 1955, Cantinflas participó en la *Cabalgata de
estrellas*, celebrada el 12 de noviembre en el Shrine
Auditorium de Los Ángeles, California, y en agosto del
año siguiente intervino en *El bolero de Raquel*, su primera
cinta a color. Como empresario contrató, ahora en forma
discreta, el ballet sobre hielo *Ice Capades*, que se presentó
el 26 de octubre en el entonces Auditorio Nacional de la
ciudad de México, espectáculo que habría de reportarle
cuantiosas pérdidas. La gran oportunidad de Mario llegó
a mediados de 1956, cuando Todd le ofreció el papel de
Passepartout en *Around the World in 80 Days* (*La vuelta al
mundo en 80 días*), producida por Mike Todd, dirigida por
Michael Anderson y filmada, obviamente, con el sistema
Todd-AO. Además de los 200 mil dólares por su actuación, Mario recibió un porcentaje de las ganancias que la
película recaudó en América Latina. El reparto multiestelar
fue encabezado por David Niven (como Phileas Fogg) y
Mario Moreno en el papel de criado del personaje británi-
co. Actuaron también Charles Boyer como agente de viajes,
John Gielgud interpretando al mayordomo de Niven y Bea
Lillie como evangelizadora. En actuaciones especiales aparecieron Shirley Maclaine, Marlene Dietrich, Buster Keaton,
el torero español Luis Miguel Dominguín, el cómico francés Fernandel, el bailarín de flamenco José Greco y Red

Skelton. La filmación comenzó en España y concluyó seis meses después en Japón. En el intricado rodaje (usaron 2 mil sets de una decena de países) participaron casi 69 mil extras, a quienes sirvieron, en buena estadística, 113 544 comidas calientes y 8 mil 972 botellas de vino español y francés, sin olvidar los 9 mil 757 litros de café en las largas esperas entre *shot* y *shot*.

El 17 de octubre de 1956, fue la rumbosa premier mundial de *Around the World in 80 Days* en el teatro Rivoll de Nueva York, a la que inclusive invitaron a críticos cubanos, entre ellos a Guillermo Cabrera Infante. A las 20:20 horas, Mario, elegantemente enfundado en un smoking, llegó acompañado de su socio Jacques Gelman. Los nervios, al igual que en sus humildes pininos escénicos, traicionaron al actor, quien dejó escapar algunas frases en español, mostrando sus ya escondidos sedimentos populares. En el lobby dijo "palabra, estoy nervioso", y antes de entrar a la atiborrada sala: "ay, manito, esto es como recibir otra vez la alternativa". "Esto es peor que dar a luz", siguió exclamando al acomodarse en la butaca. Al verse en la pantalla montando un monociclo gigantesco, surgió el anhelo guardado durante tanto tiempo: "Esto es con lo que este indito estuvo soñando toda su vida".

Al finalizar la cinta, los aplausos no se hicieron esperar. Tras advertir esta buena respuesta, Mario estaba feliz porque su interpretación de Passepartout había convencido al público asistente. Periodistas de los medios impresos y de la televisión, además de algunos curiosos, querían conocer al cómico mexicano. Éste, sin saber bien el inglés, apenas alcanzó a proferir algunas frases ininteligibles a los reporteros, que remató con un inesperado aunque bien recibido "Merry Christmas!"

Manuel Tello, entonces embajador de México en los Estados Unidos, ofreció tiempo después una recepción de gala en Washington, a la cual acudieron destacados políticos, diplomáticos, artistas y legisladores, entre ellos el entonces líder del Senado norteamericano —y después presidente— Lyndon B. Johnson. En esa recepción también estaba el secretario de prensa del presidente Eisenhower, James C. Hagerty, quien los invitó a la Casa Blanca. Ya en el Salón de Acuerdos, Hagerty dijo a los invitados que si al sentarse alrededor de la mesa pedían mentalmente un deseo éste les sería concedido. Con gran solemnidad lo hicieron y a la salida de la Casa Blanca, Mario le preguntó al canciller cuál había sido su deseo. Éste respondió que sus hijos, Carlos y Manuel Tello Macías, fueran buenos ciudadanos para servir a su país. Por su parte Mario, sin tantos afanes patrióticos y con suma modestia, expresó su deseo: "Que sea yo un artista mexicano que haga reír al mundo".

La incursión de Mario en Hollywood no fue muy bien vista por algunos mexicanos, sobre todo por aquellos que se tomaban el éxito ajeno como una afrenta personal. Según el productor Miguel Contreras Torres en su *Libro negro del cine mexicano*, al no estar bajo la férula del grupo Jenkins, que controlaba la producción y comercialización fílmica en México, Mario quedaba a merced de los poderosos intereses hollywoodenses:

> Esto ha quedado más claro en cuanto ha visitado los EU para saludar a Richard Nixon, representante máximo dentro del gobierno yanqui, del Grupo California, tradicionalmente agresivo e intemperante, cuyo primordial organismo financiero es el "Bank of America", con vastas ligas en la industria de Hollywood.

A juicio de Contreras Torres, quien le dio al ahora actor internacional su primera oportunidad en el cine con *No te engañes corazón* (1936), la Columbia Pictures utilizaba la figura de Cantinflas ("un payaso a quien la riqueza le borró del corazón el gracejo entrañable de Tepito") para abrir mercados en Centro y Sudamérica, por lo que obligadamente jugaba un papel de "agente" de los intereses norteamericanos como decían los libelistas, además de competir en fama con Charles Chaplin: "Es cierto que la simpatía norteamericana por Cantinflas tiende en gran medida a hacernos olvidar —en vano el empeño— el genio lúdico y humano de Chaplin. Pero además les sirve para otros menesteres, quizá más prosaicos y menos sutiles".

En febrero de 1957, Mario regresó a México y la periodista ecuatoriana Hylda Pino de Sandoval lo entrevistó para *Cinelandia*. Según ella, como opinaba la mayoría de los mexicanos, el actor tenía dos talones de Aquiles que servían a muchos "envidiosos" para combatirlo: sus películas no eran distribuidas por compañías mexicanas sino por la "yanqui" Columbia Pictures, y continuamente aparecían en los periódicos nacionales notas donde se elogiaba su espíritu caritativo. El internacional Mario respondió de la siguiente manera a éstos dos puntos, sin mencionar el monopolio Jenkins:

> Primeramente, que a mí más que nada me interesa hacer cine mexicano para que sea distribuido y conocido en el mundo a través de cualquier organización que esté capacitada para distribuir cine mexicano. El hecho que mis películas las distribuya una compañía americana no me interesa, podría ser china o checoslovaca, lo interesante es dar a conocer el cine mexicano. Los que hablan así, hablan por sus intereses particulares dentro de la industria, y la industria no debe ser patrimonio de intereses particulares. En cuanto a la segunda, respecto a mi caritativo espíritu, puedo decirle que tengo gran satisfacción de poder servir a la gente en lo que puedo y no me sorprende que haya gente amargada que diga que es propaganda. Como usted verá, yo no la necesito pues mi profesión no es la filantropía.

En marzo, Mike Todd se estrella viajando a Nueva York en su avión particular, "The Lucky Liz" ("La Afortunada Liz", en honor de su esposa, la bellísima actriz Elizabeth Taylor). Asistía a una cena de la National Association of the Theater Owners donde iba a ser nombrado "Showman of the Year". Su inesperada muerte afectó la incipiente carrera internacional del cómico mexicano, quien tuvo que volver a los sets nacionales: en junio de 1958 apareció en *Sube y baja*, deslucida cinta donde hacía un papel de elevadorista, y en octubre en *Ama a tú prójimo*, una película producida por POSA Films a beneficio de la Cruz Roja mexicana.

Pepe

En marzo comenzó a rodarse *Pepe*, la superproducción de Columbia Pictures y POSA Films Internacional, cuyo guión vetó varias veces Santiago Reachi porque la estrella era "un caballo amaestrado", pero al final los "primos", como se decían Jacques Gelman y George Sidney —el mediocre director de la cinta—, se impusieron porque habían ya invertido 400 mil dólares. Esta lamentable película provocó que Reachi saliera de POSA Films, empresa que creó en 1939 para proyectar cinematográficamente a Cantinflas, no sin que antes Mario adquiriera sus acciones, con lo cual ascendió a socio mayoritario de la productora. *Pepe*, cinta en technicolor, panavisión y con escenas en cinemascope, tuvo locaciones en el Distrito Federal, Taxco, Puebla, Oaxaca y Acapulco y en Las Vegas. En esta fallida aventura internacional, Mario se rodeó de numerosas estrellas norteamericanas del momento: Dan Dalley, Janet Leigh, Tony Curtis, Bing Crosby, Maurice Chevalier, Debbie Reynolds (con quien bailaba "Tequila"), Zsa Zsa Gabor, Jack Lemmon, Kim Novak, Frank Sinatra, Dean Martin y Sammy Davis Jr. ("había escenas donde Cantinflas se sentaba en una butaca para ver actuar a Sammy Davis Jr., cuando debió ser al revés...", escribió después Reachi). También participaban los caballos amaestrados "King" y "King Cotton" y el gato "Rhubarba".

Miguel M. Delgado, codirector de *Pepe* y traductor particular de Mario, recuerda que durante la filmación, la hermosa cónyuge de Tony Curtis, Janet Leigh, organizó en su residencia una fiesta destinada a recaudar fondos para niños desamparados. El boleto costaba 200 dólares y era requisito ir disfrazado de *cowboy* (sólo Frank Sinatra iba de apache). Durante la cena, empezó una subasta de objetos sin valor; Janet Leigh mostró a la concurrencia un perfumito francés y empezó la puja que sólo llegó a 300 dólares. En ese instante Mario, que había permanecido callado, se levantó de su asiento y gritó:

—¡Diez mil dólares!

Pasada la sorpresa por aquella proposición tan elevada, Janet Leigh y sus invitados aplaudieron al excéntrico actor mexicano. Al salir de la velada, Miguel M. Delgado le preguntó a Mario por qué había regalado esa cantidad a cambio de un perfume de tan bajo precio:

—Con eso demostré cómo somos los artistas mexicanos y, además, porque el destino de ese dinero no podía ser más noble.

Una penosa secuela de *Pepe*, esta vez situada en el ambiente provinciano de México, fue *El analfabeto* (realizada entre octubre y noviembre de 1960) donde Mario Moreno interpretaba a un verdadero Inocencio Prieto enamorado de Blanca (Lilia Prado). Esta cinta fue estrenada en septiembre de 1961 antes de *Pepe*, que se proyectó en los cines capitalinos en abril del año siguiente para desprestigio de su carrera, según dijeron sus malquerientes.

Cantinflas en *Pepe*

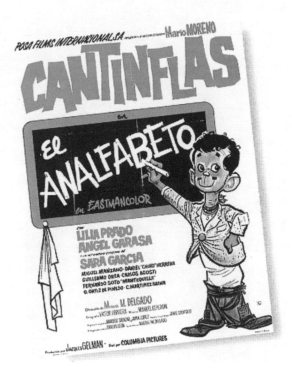

Romance trágico

Roberto López García, —futuro cronista de espectáculos bajo el seudónimo de Bob Logar—, conoció en diciembre de 1959 a la veinteañera norteamericana Marion Roberts, mientras laboraba como recepcionista del hoy desaparecido hotel Del Prado. Marion Roberts, otra amiga y dos jóvenes norteamericanos se habían hospedado en el Del Prado, ubicado en avenida Juárez número 70 frente a la Alameda central, en ese entonces un lujoso hotel de fama internacional porque en su vestíbulo dormía empolvado el *Sueño de una tarde dominical en la Alameda* de Diego Rivera, que tanto escándalo había armado en 1947.

Los días transcurrieron y al no contar con el dinero necesario para liquidar la exorbitante cuenta, los amables compatriotas de Marion —a quien llamaban Michelle y que después sería rebautizada como Myriam por la prensa mexicana— la abandonaron a su suerte; la administración, para asegurarse el pago correspondiente, cerró la habitación y le confiscó su automóvil, un flamante Oldsmobile o Buick. López García, quien abogó por ella para después llevarla a vivir a casa de sus padres, cuenta: Marion "me pidió que le hiciera una lista de gente muy rica, pues ya lo había pensado y la única solución era la de ir con algún millonario y... pedirle el dinero prestado... Le hice una lista de políticos y artistas y gente famosa que yo sabía que tenía mucho dinero y que tal vez podrían ayudarla". Corrían ya los primeros días de 1960.

El plan era audaz pero dio resultado: "a la segunda semana" de tocar puertas, vio a Mario, en sus atiborradas oficinas del edificio Rioma (anagrama de su nombre) de avenida Insurgentes Sur número 377. El veterano actor, como después lo recordaría, no sólo intercedió para liquidar la cuenta pendiente del hotel, sino que le dio dinero suficiente para que pudiera regresar a Dallas, Texas, donde radicaba, y comprara regalos para la familia López García, que le había ofrecido hospedaje gratuito mientras salía del problema. El idilio no se hizo esperar entre el casi cincuentón actor y la jovencita estadounidense, su casi tocaya.

> Quiero aclarar —rememoraría Bob Logar— que el gesto de Mario Moreno hacia mi amiga Michelle fue muy generoso de su parte y que si después se desarrolló un romance fue una cosa muy lógica, ya que Mario desde un principio ejerció una poderosa atracción sobre Michelle por su fama, su personalidad y su carácter y como la chica era muy bella, estaba difícil de que no se enamorara de ella. Comprendo perfectamente a Mario Moreno y lo admiro por esto y muchas otras cosas.

No hay rastros ni documentos para conocer la trayectoria sentimental entre Mario y Marion de enero a febrero de 1960, pero es un hecho que el furtivo romance extramarital dejó simiente. Para marzo, a decir del cineasta Miguel M. Delgado, Marion sorpresivamente se presentó durante el rodaje en Estados Unidos de *Pepe*, acompañada de su tía Daisy Wright, para proponerle al cómico la adopción de su futuro hijo a cambio de 10 mil dólares. Esta entrevista, que comenzaría el penoso chantaje de Marion hacia el actor, posiblemente no fue en Estados Unidos (la cinta se filmó en Las Vegas) sino en nuestro país, según se desprende de una carta que ella le mandó después de irse a su patria. En esta misiva, Marion le manifestaba su tristeza por dejar México y le reiteraba su afecto ("Creo poder afirmar que no conozco persona alguna que sea tan buena o maravillosa como lo es usted"), para después informarle que había adquirido un Mercury 1957 en 1,500 dólares, quizá con un préstamo del enamoradizo actor. Más adelante lo amenazaba veladamente, diciéndole casi que estaba subastando a su futuro hijo:

Tía Daisy y yo iremos a Dallas mañana por la mañana para ver a mamá. Le escribiré más adelante para contarle lo que sucedió. Cuando esté allá también haré una visita a Jim Martin, el abogado de la pareja que iba a adoptar al niño antes, y veremos qué clase de convenio podemos establecer. De ser posible, me gustaría no tener que pagar a Jim en lo absoluto, puesto que en realidad no ha hecho nada, pero se debe reembolsar a la otra pareja, pues tienen fe en obtener la adopción del niño. Sin embargo, la decisión es de usted. En cuanto hable con ellos le comunicaré qué es lo que quieren.
Bien Mario, me debo ir. Gracias de nuevo por todo.

Con cariño: Marion.

Mario cayó en el garlito por lo que decidió adoptar a su futuro hijo. En agosto la estadounidense le ratificó por escrito su conformidad con la adopción, y en septiembre dio a luz al niño: Mario Arturo. Con su habitual confusión de fechas, la actriz Delia Magaña recuerda que Mario cuidó a la embarazada en la casa campestre que poseía en jardines de Cuernavaca, Morelos, pero después señala que ella lo acompañó el 20 de septiembre a recoger al recién nacido en un hotel, que el actor lo cargó, lo subieron al automóvil y le dijo que lo llevaría con su esposa Valentina.

Por una cuenta pagada el 19 de septiembre de 1960 en el St. Paul's Hospital de la ciudad de Dallas, Texas, se desprende, sin embargo, que a mediados de ese mes ocurrió el adelantado alumbramiento, por lo que puede ser válida la versión de López García: a principios de enero Mario y Marion procrearon a Mario Arturo. A decir de otras versiones, Mario no pudo haber procreado a Mario Arturo a causa de su legendaria esterilidad, pero existen, cuando menos, dos testimonios que la desmienten.

Eduardo Morales y Luna cuenta que a fines de junio de 1952, apareció una modelo de desnudo llamada Santa Saucedo frente a los jóvenes alumnos de la Academia de San Carlos, en la clase de pintura del profesor José Chávez Morado. Pronto Morales intimó con la hermosa joven, que se presentaba como hija de Cantinflas. De hecho, dice haberla acompañado en varias ocasiones a las oficinas del cómico, localizadas entonces en el edificio Jena, en la calle de Morelos 110, a las que ella acudía con regularidad para obtener su pensión. A Santa —recuerda Eduardo Morales— la llevó a la clase nuestra compañera Martha Rojas Vilchis. Alguna vez me dijo que su madre había sido artista de una carpa de Tacuba, en donde se relacionó con Cantinflas. Para obtener más dinero alguna vez entró a un maratón de baile efectuado en el teatro Lírico. Los periódicos amarillistas de esos años decían en sus titulares: "Una hija de Cantinflas está en el maratón de baile". Estaba orgullosa de que muy pronto iba a ser reconocida legalmente por el actor... pero parece que jamás la registró.

En la década de los sesenta, Carlos Avilés conoció entre los colonos de la Campestre Churubusco a Mario Ficachi Granados, hijo que procrearon en 1943 Mario Moreno y la actriz Charito Granados. El joven Mario tenía los apellidos invertidos de su madre:

Era idéntico a su padre —cuenta Carlos Avilés—, quizá lo único que los distinguía eran sus ojos claros. Mario Ficachi o Fianchi era moreno claro, chaparrito e inclusive tenía un bigote a la Cantinflas. Cada mes iba al restaurante Rioma a ver a su padre, quien supongo que más que darle su pensión le daba su domingo porque no tenía necesidad de que el actor le diera dinero, ya que su madre era dueña de un edificio de departamentos. Ella, en ese entonces, estaba casada con un norteamericano más joven que le daba una vida no muy feliz. Después le perdí la pista. Al parecer se casó con una japonesita.

Mario Moreno Ivanova fue bautizado el 8 de diciembre de 1960 por sus felices padres adoptivos, Mario y Valentina. Marion pasó febrero y marzo del año siguiente en la casa de su tía Daisy en San Antonio, Texas, hablando exageradamente por teléfono y girando cheques sin fondos. Al mes siguiente, la tía le informaba a Mario de lo anterior, más otras cosas que quería comentarle, "pero no quiero hacerlo por carta. Espero que el pequeño Mario hijo se encuentre bien y feliz, y que usted disfrute de su compañía, me encantaría verlo. Extienda mis saludos al señor Gelman y a la señora Barrera y todo mi cariño para usted".

En agosto de 1961, Marion escribió de nuevo a Mario pidiéndole dinero en préstamo para tomar un curso con el que esperaba ingresar como representante de la compañía Lady Clairol y para poder vivir durante los seis meses que duraba. Posiblemente Mario ya estaba harto de la sangría económica, o bien Valentina comenzaba a sospechar algo, pues a partir de este momento, las cartas de Marion fueron dirigidas a Jacques Gelman. En septiembre la madre de Marion, Juanita Roberts, pidió a Jacques Gelman que le comentase a Mario que su hija había pasado por un largo periodo de trastorno y confusión, pero que ahora se encontraba preparada para "enfrentar la vida como es".

En octubre de 1961, la desorientada Marion le escribía a Jacques Gelman para que le remitiera 45 dólares adicionales por ese mes, y en noviembre estaba una vez más en México esta conflictiva joven de ojos azules hospedándose en el Alffer Century, localizado atrás del hotel Del Prado, uno de los primeros hoteles con elevador para automóviles. El Alffer, víctima de los terremotos de 1985 al igual que el Del Prado y otros edificios del centro de la ciudad, estuvo emplazado en Revillagigedo e Independencia.

Un día después de arribar a la ciudad de México, el 18 de noviembre, Marion llamó por teléfono a su amigo López García, ahora recepcionista del Continental Hilton. Concertaron una cita y él pasó por ella para invitarla a cenar en la casa de sus padres. Cerca de la media noche, Marion se despidió de la familia y rumbo al hotel le confió a su amigo que había procreado un hijo con Mario Moreno. "La verdad a mí me dio mucho gusto —recordaría el periodista—, pues sabía lo enamorada que ella estaba de Mario Moreno. Sin embargo, presentía que no era muy feliz". No tardaría en saber por qué.

Días después, Marion Roberts ingería dos frascos de Ethobal, activo barbitúrico. Su cuerpo fue descubierto el jueves 30 de noviembre a las 20:30 horas por la recamarera Guadalupe Seco Delgadillo, al entrar a la habitación 718 del hotel Alffer. Horrorizada, encontró a Marion en la cama, con la cara llena de sangre. En la puerta había colgado un cartelito de "No molestar".

La occisa había llegado a México el día 17 de ese mes por vía aérea, procedente de Corpus Christi, Texas. Según la tarjeta de registro, se instaló en el aludido hotel a las 12:30 horas y declaró que abandonaría el país el día 20, pero inexplicablemente prolongó su estancia. El personal del hotel Alffer informó a las autoridades que la rubia de ojos azules solamente salía por las noches y que durante todo el día dormía a pierna suelta. En muchas ocasiones la vieron en el bar del hotel ingiriendo algunas bebidas, pero siempre sola, pues rehusaba cualquier compañía. El viernes primero de diciembre de 1961, el periódico *La Prensa* tituló en su portada "Idilio trágico", y en su contraportada "Suicidio por 'Cantinflas'. Bella rubia se envenenó en el hotel Alffer; vivió un trágico romance con el gran actor". En la página 14 se decía: "Se mató por Cantinflas. Dramática carta dejó al cómico la bella suicida". No era la primera vez que Mario era huésped involuntario de la nota roja: días antes había sido involucrado injustificadamente en la desaparición y muerte del norteamericano Louis Melchor Vidal Jr. en la carretera federal México-Cuernavaca .

Juan Nieto Martínez, redactor de la nota, señalaba que en forma trágica había concluido el romance que sostenían Mario Moreno y la norteamericana Marion Roberts, "con quien tuvo un hijo, según ella misma reveló en una de las cartas que escribió antes de apurar el veneno en el hotel Alffer... Cantinflas, tres horas después de descubierto el cadáver de la bella joven, fue interrogado por *La Prensa* y sólo admitió que conocía a Myriam Roberts (como la rebautizaron los diarios metropolitanos), de 23 años, originaria de Corpus Christi. Respecto al niño, que se llama Mario, el gran actor aseguró era hijo de ella y que él lo había adoptado". En la habitación 718, "escenario del impresionante suicidio", se encontraron dos maletas con ropas, alhajas, 40 pesos y, sobre una mesita de centro, un recado póstumo y cuatro cartas. En el recado, Marion pedía a las autoridades que cumplieran sus últimos deseos: mandar las cartas —para lo cual dejaba el dinero en su bolsa—, y ser enterrada en México. Una carta contenía versos en inglés. La segunda estaba dirigida a su enamorado Hal Grendafer, a quien le suplicaba perdón por no corresponderle, ya que ella no era "la muchacha que tú pensaste". La tercera era para el gerente del hotel: le pedía disculpas por los problemas que le causaría y le confesaba que vivía en Romsey número 3918, en Corpus Christi, Texas. La cuarta destinada a Mario, revelaba el secreto idilio y el resultado de ese amor:

> Querido Mario, por favor olvídame, nunca me pudiste comprender, no puedo entender este lugar, sé bueno con Mario Jr. Tú has sido bueno conmigo pero no me puedes dar tu amor, porque yo realmente te he querido, estoy segura de que serás bueno con nuestro hijo y estoy segura, también, que él me disculpará en el futuro.
>
> Te ama, Myriam.

Esa noche el abatido Mario llegó a la 6ª delegación, donde las autoridades judiciales levantaron el acta correspondiente del suicidio. Estaba nervioso y deprimido. Durante los escasos diez minutos que permaneció en la sombría oficina, no dejó de fumar en ningún momento. Cuando la licenciada Elva Velasco, agente del Ministerio Público, le mostró la carta que la suicida estadounidense le había dirigido, "la tuvo entre sus manos unos instantes y trató de leerla, pero como no lo logró, la guardó en el bolsillo derecho del saco de la gabardina que llevaba... La licenciada le hizo notar que no podía llevarse dicho documento y Mario Moreno, dando muestras de sentirse molesto, sacó la carta y se la entregó a la mencionada funcionaria".

El cuerpo de Marion Roberts fue trasladado al modesto velatorio Grema, ubicado en Miguel Schultz, en la colonia San Rafael. A las 11:20 horas llegó a la funeraria Mario Moreno a bordo de su flamante Mercedes Benz, placas 6-07-77, acompañado de su abogado Jorge Ugalde. El cortejo partió diez minutos después al panteón Jardín. Durante el penoso sepelio de Marion Roberts, sufragado por el actor, estuvieron presentes casi un centenar de personas, en su mayoría curiosos, para dar el último adiós al furtivo amor del cómico. Al ser interrogado por Wilbert Torre Gutiérrez, reportero de *La Prensa*, Mario dijo que realizaría las gestiones legales por conducto de sus abogados para adoptar al pequeño Mario: "haré lo posible para hacer de él un buen hombre en recuerdo de su madre". Eludiendo su tormentosa relación con Marion, recalcó: "Myriam y yo nos estimábamos bastante. Y la apreciaba mucho; pero aparte de eso, nunca sostuvimos relaciones más que amistosas".

Posiblemente mintió para no poner en peligro su matrimonio con Valentina y para no empañar su imagen fílmica.

Su hijo

Estaban ya muy lejos los apuros económicos que habían pasado Mario y Valentina de recién casados, cuando vivían en un cuartito de la colonia Clavería al que se entraba apartando sábanas tendidas, y la riqueza discreta de su anterior residencia de Rincón del Bosque número 15, a un costado de Polanco, había sido ampliamente rebasada. Ahora, en la mansión localizada en Paseo de la Reforma número 2402 —que desde 1955 habitaba el matrimonio junto con los padres de Mario y la señora Ana Zukova, madre de Valentina—, señoreaba el lujo desmedido, acorde con su inalcanzable estatus de actor internacional, productor millonario y ganadero exitoso de reses bravas.

Construida sobre un terreno de diez mil metros cuadrados en las exclusivas Lomas de Chapultepec, la impresionante casa contaba con lo que todo rico debía tener: biblioteca repleta de tomos forrados en piel, sala de armas con una interesante colección de escopetas, rifles y pistolas, un sótano habilitado como sala de proyección para 35 personas arrellanadas en mullidas butacas, preseas y reconocimientos por doquier, retratos al óleo de su madre, de Valentina y de él mismo realizados por pintores famosos entre la clase alta, un cuadro original de El Greco, piezas chinas de cristal, un Buda presidiendo la sala, y un par de colmillos de elefante labrados al estilo oriental. Para

preservar esta intimidad museográfica de visitantes ines-
perados, o de periodistas inoportunos, Cantinflas había
mandado construir a la entrada de la casa un salón forra-
do de diplomas, reconocimientos y con un retrato al óleo
bastante malo, eso sí. Por si tardaba en atenderlos, los recién llegados podían jugar a la carambola en una mesa de
billar cuyos costados habían sido labrados en maderas
preciosas. Ésa era la casa. En el mundo exterior, comple-
mentando como debía ser este modo de vida, esperaban
al magnate un Mercedes Benz placas 777 y su avión particular, un Martin 404 bimotor con turbohélice, bautizado
también obsesivamente como el 777.

Pero, al igual que en todas las películas mexicanas
—Cantinflas no tenía por qué ser la excepción—, aunque
el matrimonio de Mario y Valentina era aparentemente
estable, una sombra perpetua empañaba su felicidad: no
poder procrear un hijo que llenara de bullicio y alegría la
lujosa residencia de Las Lomas. De manera que la adopción del recién nacido Mario Arturo trajo sin duda una
inesperada dicha a la pareja, como lo atestiguan varias fotografías, al grado de que Valentina inventó que para
traerlo al mundo había tenido un embarazo y un parto di-
fíciles. Aun así, no era la primera vez que el matrimonio
incurría en la adopción: a principios de los cuarenta
habían recogido a dos adolescentes huérfanos que mero-
deaban el Follies Bergére. Los habían sobreprotegido al
grado de que se volvieron insolentes, apáticos y deso-
bligados, en el colmo de lo cual uno de ellos, el ex bolerito
Jesús, intentó una noche violar a Valentina. Cría cuervos...

El "niño pocos trapos", como llamaban a Mario Arturo,
fue bautizado en diciembre de 1960 en la parroquia
agustiniana de Santa Teresita del Niño Jesús, a unas cuantas cuadras de donde antes vivían el actor y su esposa. Lo
apadrinaron el socio de Mario, Jacques Gelman y su esposa Natalia Zahalka. Mario y Valentina se desvivieron por

la criatura y le consentían todos sus caprichos. A los cuatro años, Mario se ufanaba de que su pequeño ya sabía identificar el modelo de cualquier auto que cruzara por la calle, y a los seis años, Mario Arturo poseía lo que cualquier niño anhelaría como un imposible: un diminuto auto con motor de gasolina, que el chamaco manejaba a su antojo por el extenso patio de la residencia, ajeno a los futuros problemas de la contaminación del aire. Una gran emoción sintió el cuarentón Mario cuando, por esos años, Mario Arturo vio sorprendido la imagen de su padre proyectada en el cine de la casa: "Quería yo ver qué reacción tenía o qué pasaba. Pues bien, después de 10 minutos de estarme viendo, le dijo a su mamá: 'Dile a mi papá que se baje ya, para que me lleve a comprar un helado'".

Al sobreprotegerlo, Mario pretendía que su nuevo hijo creciese sin complejos y se valiera por sí mismo, "que no llegue a ser uno de esos juniors. Ni lo mande Dios". Años más tarde, caería en la cuenta de que tantos mimos y cuidados resultaron contraproducentes, pero no hizo nada para contrarrestarlos.

Aun cuando en la vida diaria Mario Moreno era el polo opuesto de su personaje, en el celuloide se empeñaba en seguir interpretando a Cantinflas dedicado a oficios distintos, amparados únicamente en su gracia verbal y proclive al sermoneo cívico, al albur blanco y al conformismo social. Bajo tales principios, filmó la continuación mexicana de la lamentable *Pepe*, *El extra* (1962) y *Entrega inmediata* (1963). En 1964 actuó como el relativamente rebelde sacerdote Sebas en *El padrecito*, que se sumaba a la gran cantidad de cintas que con ese tema explotó aquel año el cine nacional (*Un padre a toda máquina*, *El padre Diablo* y *El hermano Pedro*). El padrecito entusiasmó al sacerdote jesuita y periodista Enrique Maza, quien la elogió en el semanario católico *Unión* el 6 de septiembre de 1965, para después solicitar a Mario una entrevista, a la que éste accedió. En sus oficinas de Insurgentes Sur 377 le explicó que la cinta llevaba un mensaje cristiano, aunque dicho de forma popular. En ese año, Mario tenía la esperanza de filmar dos películas en el extranjero, pero no se concretó la que hubiera sido su tercera cinta hablada en inglés, ni una que iba a ser rodada en Inglaterra, ni *Great Guns*, un *western* situado en la revolución mexicana que iba a ser dirigido por Ted Allen y distribuido por Columbia Pictures. De modo que siguió en la línea vocacional con *El señor doctor*, en la que interpretaba al facultativo Medina, amigo de decir chistes deslucidos y regaños salutíferos.

Adiós a Valentina

A principios de 1964, Valentina se resintió de una pierna y fue hacerse un chequeo al hospital de Temple, Texas, en el cual se demostró que padecía cáncer en los huesos, enfermedad que opacó para siempre la felicidad de la mansión de Paseo de la Reforma. La enfermedad no dejó tranquila a Valentina ni ese año ni el siguiente.

En 1965 fue internada en el Sanatorio Español, donde celebró la Navidad con arenque ahumado y su bebida preferida: vodka con jugo de lima servida en hielo frappé (Mario y los familiares que habían llegado a visitar a la enferma la acompañaron con champaña). Sabiendo que los días de Valentina estaban contados, Mario comenzó a llorar, pero ella, sin derramar una sola lágrima y dando muestra de gran fortaleza, animó a todos ante su inminente e inevitable muerte.

El día 29 de ese mes, Mario la llevó de urgencia a la ciudad de Temple en el avión oficial del presidente Lyndon B. Johnson, amigo suyo desde hacía cuatro años, para internarla en el hospital Scott and White Memorial. Cuando su abnegada esposa, con quien había compartido 32 años de vida matrimonial, exhaló su último suspiro a las cinco de la madrugada del viernes 6 de enero de 1966, víctima de cáncer en la espina dorsal, Mario estaba ahí, acompañándola:

Cuando vi el cadáver no pude resistir el pensamiento de que mi compañera se encontraba sólo dormida. Su belleza física era aún más tranquila, liberada ya de los dolores de esa enfermedad que se la llevó a la tumba. Cuando abrí la caja, antes de salir rumbo a México, pedí a mi sobrino Lalito que le diera un beso. ¡Estaba hermosa mi rusa!

Tras pedir por teléfono a su hermano Eduardo que le enviara su avión a Nuevo Laredo, Tamaulipas, logró trasladar los restos de Valentina a la ciudad de México ese mismo día, a pesar de que el mal tiempo reinaba en el norte del país. Al descender de su avión, Mario se encontraba visiblemente consternado. Con lágrimas en los ojos recibió las condolencias de familiares y amigos. Una carroza de Gayosso trasladó a Valentina a Paseo de la Reforma, donde fue amortajada con elegante traje gris. Rumbo a su hogar, Mario Moreno se bajó del auto para tomar un vaso de leche, pensando en cómo darle a su hijo Mario Arturo la triste noticia, sobre todo en día de Reyes. La gente lo reconoció y sin saber el duro trance por el que pasaba, se arremolinó a su alrededor pidiéndole autógrafos que Mario firmó solícito, procurando reponerse del dolor y sonreír.

Más tarde, otra multitud más consciente de la situación se congregaría a su alrededor para darle el pésame en la capilla número 6 de Gayosso Félix Cuevas a un Mario enfundado en un abrigo negro, con sus ya eternos lentes de vidrio polarizados. A las siete y media de la mañana el arzobispo primado de México, Miguel Darío Miranda, ofició una misa de cuerpo presente y dos horas después celebró otra fray José María de Guadalupe. Innumerables ofrendas colmaban la capilla. Destacaban entre ellas la del presidente Gustavo Díaz Ordaz y la del mandatario norteamericano Lyndon B. Johnson, amigo de Cantinflas desde que éste había realizado en 1961 una campaña de proselitismo en Texas a favor del chicano Henry B. González, labor que le fue recompensada con una visita a la Casa Blanca.

La lista de quienes acudieron a darle el pésame a Mario es muy extensa. De ella destacan Eva Sámano de López Mateos, Estanislao Schilinski, su concuño, su entrañable amigo el caricaturista Ernesto García Cabral, Jacques Gelman y su esposa, Santiago Reachi, el cineasta Miguel M. Delgado, Jacobo Zabludovsky y sus colegas Rubén Zepeda Novelo e Ignacio Martínez Carpinteiro, los toreros Alfonso Ramírez Calesero, Silverio Pérez, Fermín Espinosa *Armillita*, el legendario Rodolfo Gaona (primero en advertir las cualidades de Mario como torero bufo a principios de los treinta), y Santiago Martín el *Viti*. El publicista Eulalio Ferrer, Dolores del Río y Sara García. Ramón Armengod, Daniel el *Chino* Herrera y Ángel Garasa. El exlíder de la ANDA Jorge Mondragón y el nuevo secretario general Rodolfo Landa (hermano del futuro presidente Echeverría). La rumbera María Antonieta Pons, su amigo el empresario Alejo Peralta y el compositor José Sabre Marroquín, entre otros muchos.

A las once de la mañana del viernes 7 de enero, el cortejo fúnebre partió hacia el cementerio Español, donde se guardarían los restos de Valentina, en la capilla familiar. La muerte de Valentina afectó a Mario de manera irremediable: comenzó a odiar la palabra "cáncer", y a sentir un gran vacío en su residencia cada que miraba los retratos de ella pintados por Raúl Manterola y Adolfo Best Maugard. La anciana Ana Zukova, afectada desde luego por la desaparición de su hija, no quiso representar una carga para Mario e intentó abandonar la casa, pero éste se negó, pidiéndole que se quedara a cuidar a Mario Arturo.

Otras películas

En 1966, Mario tuvo la esperanza de que *Su Excelencia* —que en 1969 apareció como novela bajo el sello Finisterre— lo impusiera de nuevo como actor internacional preocupado por los problemas políticos mundiales. *Su Excelencia*, una lastimosa parodia de la guerra fría y de la inútil Organización de las Naciones Unidas (ONU), parecía estar inspirada en la cinta mexicana *El embajador* (1949), protagonizada por Luis Sandrini. Con ella, el cincuentón actor y productor inició una serie de películas que giraban en torno a la autorreferencia como homenaje involuntario: *Por mis pistolas* (1968), versión moderna y mexicano-norteamericana de *El siete machos*, *El profe* (1970), contraparte dulzona de *El analfabeto*, y *Un Quijote sin mancha* (1969), en la que Cantinflas interpretaba a un quijotesco leguleyo que chocaba constantemente contra la corrupción.

Tras debutar en julio de 1969 como comentarista en el canal 8 de la efímera Televisión Independiente de México (TIM) durante la transmisión del alunizaje de Neil Armstrong, y recuperarse de un infarto al miocardio que lo postró en el hospital de cardiología del IMSS, en mayo de 1970 Mario volvió a la carga internacionalizadora de sí mismo, ahora desde España: filmó en ese país *Don Quijote cabalga de nuevo* (1972), versión chusca de la obra de Cervantes, con la que concluía la serie de parodias iniciada brillantemente con *Ni sangre ni arena* en 1941. En ella, Fernando Fernán Gómez interpretaba al manchego universal y Cantinflas a Sancho Panza, dirigidos por Roberto Gavaldón. En proporción inversa a sus pretensiones, esta producción hispano-mexicana resultó ser un fracaso, tanto en México como en España.

También en España fueron creadas en 1972 las pequeñas cápsulas de *Cantinflas show*, que transmitió con éxito el canal 2 de Televisa y más tarde fueron publicadas en fascículos especiales. Según Pilar Obón, su redactora, el proyecto, dedicado a resaltar las obras de los hombres ilustres universales, tuvo mucho éxito porque Cantinflas hablaba a los niños en su idioma:

No pudimos presentar a ningún mexicano porque la Secretaría de Gobernación se opuso... Los dibujos los hicieron los hermanos Moro, que eran muy amigos de Cantinflas... Se hicieron 52 cuentos que aparecían cada quince días. En muchas escuelas, se convirtió en libro de texto... La segunda parte iba a ser temática. Se tocarían primero los aztecas, los mayas, los incas, para después pasar con árabes, chinos, etc. En ese momento, Mario Moreno se involucró en otros proyectos, Carlos León lo convenció de hacer la segunda parte y en cuanto se imprimió el primer número, se dio cuenta de que el lenguaje no funcionaba. La revista no salió a la venta y la serie se suspendió.

Del *Cantinflas show*, que se transmitió en varios países (en lengua inglesa se llamaba *Amigo*) aparecieron cinco videocasets en 1972: *Aventuras de Cantinflas, Cantinflas hace turismo, Cantinflas y el universo animado, Cantinflas y la naturaleza,* y *Cantinflas y los héroes de la historia.* La serie fue dirigida por los hermanos José Luis y Santiago Moro, y coproducida por Mario Moreno, Carlos Amador y Televisa.

Para 1983 saldría al mercado *Cantinflas profesor de historia,* que produjo Pan Comics Intermundi.

Después de este ciclo hispanófilo, Mario liquidó Posa Films Internacional para dar paso a Rioma Films, con la cual intentó repetir pasadas glorias, remotas o recientes. Con esta compañía produjo *Conserje en condominio* en 1973, que recordaba sus hazañas en *Gran hotel* y *Puerta, joven;* en ella interpretaba a un metiche conserje que a la menor provocación se ponía a regañar a unos condóminos protohippies. *El ministro y yo* (1975) fue una penosa continuación de *Su Excelencia. El patrullero 777* actualizaba la exitosa y memorable *El gendarme desconocido,* con la moderna añadidura de la cantinela contra los hippies. En 1981 filmó su última cinta: *El barrendero,* cuya idea central había surgido cinco años antes, cuando Carlos Hank González —el regente que tachó la ciudad de México con ejes viales— realizó una intensa campaña de limpieza con el lema "la ciudad es de todos". Mario se había sentido tan identificado con el personaje del barrendero, que decidió llevarlo al celuloide.

Durante 1982 Mario se dedicó a apoyar a distintas instituciones en el extranjero promoviendo su reciente película. En agosto visitó al entonces secretario general de la ONU para ofrecerle su cooperación a la UNICEF y exhibir el 18 de ese mes *El barrendero.* En correspondencia, fue declarado al año siguiente "un símbolo de paz y alegría de las Américas".

Con respecto al final del sexenio de José López Portillo, el cómico declaró ante los Rotarios: "Fui testigo de un pueblo que reía. Ahora soy testigo de un pueblo que llora". Cuando la nacionalización bancaria, el autoclasificado alguna vez como un "millonario de izquierda", tronó contra los sacadólares en el décimo aniversario del teatro al aire libre que aún lleva su nombre en San Juan de Aragón:

Sí, quienes exigen castigo para aquellos que se llevaron de México la abundancia y nos dejaron puro cuerno, piden una cosa justa… En una situación de crisis los mexicanos debemos solidarizarnos, pero no para aguantar más, sino al contrario, para reaccionar y para no permitir más que nos pase esto que estamos pasando.

Aludiendo de nuevo a *El barrendero*, que por lo visto no perdía ocasión de promover, manifestó que al igual que en la película él barría la basura, los mexicanos "agarremos la escoba para barrer todo lo que tengamos que barrer para que este país sea limpio y grande".

En septiembre de 1983, Mario persistió en su afán de convertirse en ídolo internacional... infantil, inspirado posiblemente en los videos realizados en España. En ese mes salió a la venta el único disco de larga duración que grabó: *Con los niños del mundo*, destinado a refrendar su éxito con el público menudo que lo admiraba a raíz del Cantinflas show. El disco fue editado por la RCA Víctor y Dimensión Golden, casa disquera propiedad de Carlos Ávila, ex integrante del conjunto musical yucateco Los Babys. Doce canciones integran este acetato: "Obertura", "Yo soy Cantinflas", "Paz en la tierra", "Aún es tiempo", "Con los niños del mundo", "A volar, joven", "La fiesta de toros", "Cantinfleando", "El amor es...", "¡Oiga usted!", "De tú a tú", "Soy barrendero" y "Finales". Estos temas fueron compuestos por Raúl Vale, Ricardo Ceratto, Canavatti y el propio Mario, autor de "Cantinfleando". Los arreglos y la dirección musical correspondieron al experimentado Eduardo Magallanes. "Cortado" en los estudios de Herb Alpert en Estados Unidos, el disco *Con los niños del mundo* estuvo listo el 9 de septiembre de 1983, y días después tuvo una ruidosa presentación en un salón del hotel Camino Real. La lista de invitados en esta ocasión estuvo formada por el actor John Gavin, en ese entonces beligerante embajador de los Estados Unidos en México, la polémica Irma Serrano, la escultural Elizabeth Aguilar y la guapa María Sorté, estrella de *El barrendero*. Jacobo Zabludovsky, amigo de Mario desde los años cincuenta (que en *El patrullero 777* se había interpretado a sí mismo conduciendo el noticiero 24 horas) fue el encargado de evocar la trayectoria artística de Mario. Por medio del disco, dijo, "la filosofía de paz y de amor podrá llegar a todos los hogares de México y del mundo". Después Mario tomaría la palabra para justificar su tardío debut como cantante:

Si al cantar uno da, pues qué más da y vamos a darle duro porque, oiga usted, muchos me han preguntado: ¿Y a poco Cantinflas canta? Y yo les he contestado: ¡pues claro, ni modo que rebuzne!... Porque, como ustedes lo recordarán, casi en mis 33 películas he cantado, no tendré gran voz, pero sí la he sabido disfrazar...

Ya Carlos Ávila había hecho numerosos intentos porque Mario grabara un disco: desde 1977, durante un homenaje que se le hizo al cómico en el hotel Gallery's de Houston, en un alarde de humildad, éste se había negado porque "no era cantante". Ávila se lo había propuesto porque estaba inaugurando sus estudios de grabación y deseaba que fuese una figura de gran prestigio internacional quien proyectase su casa disquera Dimensión Golden. Al año siguiente, Ávila volvió a la carga en una cena organizada por Carlos Amador a la que Mario y él asistieron, pero obtuvo idénticos resultados. Meses después insistió de nuevo en el restaurante Rioma, propiedad del cómico. "Ya le dije a usted, jovencito, que no soy cantante", fue la respuesta cascarrabias de Cantinflas.

Ávila maquinó entonces una estrategia: pidió al imitador Flavio —que en muchos comerciales de televisión hacía la voz de Cantinflas— que grabara un caset con los temas que quería proponerle a Mario. El actor lo escuchó con detenimiento y comprobó que tenían "mensaje". Ávila, entonces, le preguntó si le daba luz verde. "Sí, pero dinero no", respondió Mario, acostumbrado a que todos los proyectos corrieran por su cuenta.

Cuando Mario le había dicho que no era cantante, no bromeaba. La grabación del disco fue una odisea. Los tres meses que Ávila había calculado para su realización se convirtieron en doce dedicados al perfeccionamiento del debutante, que aseguraba no ser un Plácido Domingo, sino un "sábado placentero... más o menos".

A pesar del despliegue técnico, y de que Mario recibió el día de la presentación de *Con los niños del mundo* un Disco de Oro por 500 mil copias supuestamente colocadas, la venta fracasó por falta de promoción de RCA Víctor. El ahora cómico de los niños estaba tan desconcertado por la apatía del público, que le pidió a Carlos Ávila que recogiera la producción en su totalidad:

—No quiero que mi disco esté nada más así como así, guárdalo, yo te voy a decir cuándo lo vuelves a poner en circulación.

Pero nunca creyó conveniente volverlo a distribuir, y menos cuando Televisa adquirió los derechos para proyectar todas sus películas por televisión, lo cual hubiera sido un buen pretexto para sacar de nuevo a la venta el disco.

—No, mis películas son una cosa y mi disco es otra.

A mediados de agosto de 1984, el tenaz Carlos Ávila organizó junto con Radio Cañón el obsequio de 100 copias de *Con los niños del mundo* en sus estudios Dimensión Golden, localizados en Lomas Verdes, Estado de México. Para hacerse acreedores a un ejemplar del disco de larga duración autografiado por Cantinflas, los radioescuchas debían enviar un texto en el que expresaran el ideal de la familia unida. Los estudios recibieron más de mil misivas, la mayoría de las cuales eran peticiones de ayuda al legendario cómico para adquirir una casa, o dinero para completar un negocio.

Decepcionado de su disco y del engorroso interés del auditorio, Mario Moreno ya no estaba dispuesto a ejercer su famosa filantropía como hizo en la década de los cincuenta. Se limitó a firmar las portadas de su disco, y a manifestar su molestia por la pobreza "que no es denigrante", y su indignación contra los millonarios de inacabables fortunas; según dijo, a veces "los pobres son más felices que los ricos, porque el rico vive para su dinero".

Mascota fallida

En su origen, una vez descubierta la mina de oro en el pantalón caído y el hablar enredado, Mario Moreno el actorcillo había cobrado exageradamente bien sus temporadas en los astrosos teatros-salones, y en los teatros sin salón. Colmada su desmedida ambición económica durante seis años por José Furstemberg, el empresario del Follies Bergére, el publicista Santiago Reachi le había enseñado a "administrar" sus actuaciones en el teatro, y sobre todo en las películas. Entre 1939 y 1940, Cantinflas realizó en forma exclusiva anuncios filmados para la Canada Dry, la Chevrolet y la Eveready, por lo que su popular peladito era codiciado.

Por esos años, sin embargo, cuando popularizó sus ingeniosas alusiones al "detalle" en el teatro —y después en la cinta *Ahí está el detalle* de 1940—, Mario anunció la fábrica de muebles Cuauhtémoc de su primo Carlos Reyes, establecida en el 127 de la avenida Álvaro Obregón, junto al cine Balmori. Exageradamente maquillado, con sus clásicos camiseta, paliacate y popular gabardina, Mario lanzaba la frase "Este sí es detalle, joven", antes de anunciar los "primorosos" juegos de muebles del establecimiento.

A mediados del infausto 1966 en que falleció su esposa Valentina, la empresa norteamericana Pepsi-Cola le ofreció a Mario —ya para entonces actor internacional y respetable productor— un millón de dólares por anunciar su refresco en una intensa campaña mundial. El ofrecimiento le pareció ridículo al ambicioso actor, quien a cambio exigió parte de las acciones del *holding*. Entonces, los representantes de la compañía en México elevaron la propuesta: un millón y medio de dólares durante el primer año, y una opción de prórroga de tres millones para el segundo.

Mario, aconsejado por Jacques Gelman, insistió en pedir un paquete acciones del cinco por ciento de la multinacional. En un arranque de vanidad y de administración extrema de su personaje, Mario le dijo a Eulalio Ferrer, su compadre y dueño de la empresa Publicidad Ferrer:

—Dile a los señores de la Pepsi-Cola que ésta será la primera campaña de publicidad en la que se use a Cantinflas tanto como testimonio y como actor, por lo que su participación no tiene precio.

John Kendall, máximo representante de la transnacional americana, acompañado de su esposa, una bebedora Joan Crawford, tuvo a bien rechazar la desmesurada exigencia de Mario durante una cena en la Hacienda de los Morales. Por lo tanto ni Mario hizo el comercial, ni Publicidad Ferrer pudo convertirse en la primera agencia mexicana que realizaba una campaña internacional. Por exagerados.

Quince años después, en 1981, el panorama le resultó seguramente más propicio al ya septuagenario Mario para regresar al mundo de la publicidad. En una intensa campaña que invadió la televisión y los medios impresos, se podía ver a Mario delante de una pintura de Cantinflas realizada en los años cincuenta, anunciando la tarjeta de crédito Carnet y diciendo que iba con su personalidad. No se sabe bajo qué condiciones accedió a aparecer en el anuncio, pero ha de haber sido un ofrecimiento muy atractivo para que el multimillonario Mario Moreno hiciera de sí

mismo junto a su célebre personaje. El padre Enrique Maza
y Julio Scherer, columnista y director respectivamente del
semanario *Proceso*, trataron de entrevistar al actor para
averiguarlo. Mario los invitó a comer, junto con su compadre Eulalio Ferrer, en su penthouse habilitado como
oficina del edificio Rioma, situado en Insurgentes Sur 377.
Despachados el arroz a la mexicana y la ropa vieja, a la
mitad de los chongos zamoranos la comida se estancó en
una agria discusión. Arriesgando la buena digestión, Maza
y Scherer se lanzaron sin más al ataque y criticaron a Mario
por anunciar la tarjeta de crédito de un poderoso grupo
bancario. Según recordaría Maza después, Mario sufrió un
ataque de furia y acusó a los dos periodistas de haberle
tendido una trampa; se defendió a capa y espada, y evocó
con desagrado sus años de pobreza para mostrarse como
un actor en perpetua superación:

> Mi trabajo me ha costado la situación privilegiada que
> tengo. Pero yo sé lo que es vivir en una accesoria. En-
> tiendo a los jodidos, porque yo lo fui también. No soy
> comunista... Usted no ha entendido el anuncio. Hay
> dos personajes. No es Cantinflas quien dice: "Carnet
> va con mi personalidad". Es el otro personaje, Mario
> Moreno. El otro es el superado que ya llegó arriba. Es
> el que le dice a Cantinflas que puede llegar a tener eso.
> Nunca pensé que hubiera gente que pensara en eso.
> No me imaginé que se pensara mal de estimular a la
> gente a tener dinero.

Terminaron de comer y no compartieron la charla de
sobremesa. La despedida fue extremadamente seca y jamás se volvieron a ver. A juicio de Eulalio Ferrer, la
discusión estuvo mal enfocada por parte de Maza y
Scherer, ya que Mario era producto del pueblo y no su
redentor, como ellos se obstinaban en creer.

Con motivo del campeonato mundial de fútbol que se celebró en México en 1986, Mario aceptó que la mascota de la selección nacional fuese una caricatura de Cantinflas. También determinó que el dinero recaudado en la comercialización del personaje se empleara en construir nuevas escuelas de fútbol en el país, y en beneficiar a las existentes.

Así volvía a sacar brillo a su fama legendaria de benefactor, y por otro lado se erigía casi en símbolo nacional. El viernes 15 de febrero de 1985 al mediodía, en el curso de una ceremonia oficial celebrada en un hotel capitalino, el doctor Rafael del Castillo, presidente de la Federación Mexicana de Fútbol (FMF) y vicepresidente del Comité Organizador del Mundial México 86, declaró oficialmente que Cantinflas sería la mascota de la selección mexicana. En esta ceremonia estaba presente toda la multitudinaria familia futbolística, el entrenador del tricolor, Bora Milutinovic, y algunos seleccionados. Después de proyectarse dos videos relacionados con el Mundial, Rafael Lebrija, presidente de la rama de la primera división, presentó al legendario mimo.

El doctor del Castillo explicó que la FMF había decidido convertir a Cantinflas en el símbolo de todas las selecciones por ser muy mexicano, una figura blanca, y un hombre "que siempre está cerca de los niños y se ha distinguido por su don de gentes que trata siempre de favorecer a quien lo necesita". Después Mario declaró a la prensa que para él era un honor que una estilización de su personaje teatral y cinematográfico representara a la selección nacional, que "esté envuelto en lo que va a suceder, pues fíjense que nunca he estado tan orgulloso y contento... Qué bonita es la esperanza y la fe... Porque cuando se quiere, se puede. Y la selección va a querer". Un reportero le señaló que el peladito de la gabardina nada tenía que ver con el fútbol, a lo que Mario contestó:

—Siempre hemos tenido vínculos, siempre hemos estado relacionados con el fútbol. Lo que pasa es que esto no se conocía, no era público...

—Oiga, don Mario, es como si el Gordo y el Flaco fueran las mascotas de la selección inglesa.

—No sé, no sé. La comparación... no sé. Yo no sabía, ellos me escogieron. Lo que le digo es que estoy orgulloso.

Tanta vaguedad en la respuesta ¿se debería a la confusa asociación entre el americano par de cómicos con Inglaterra, o a que Mario ya había sido accionista del milloneta equipo América? Lo cierto es que en una serie de entrevistas publicadas en su sección deportiva, el periódico *Excélsior* no sólo puso en duda los nexos entre Cantinflas y el fútbol, sino inclusive la vigencia de su personaje teatral y cinematográfico. El miércoles 21 de marzo, el psicoanalista Antonio Santamaría sacaba el látigo: ahora, decía, los mexicanos vivimos otra época en la que nos podemos expresar en forma más clara; el acto de cantinflear" queda entonces "como algo que se refiere a un modo particular de hablar, defensivo y protector". El viernes 22, la socióloga universitaria Jacqueline Avramov, especializada en comunicación y en análisis de contenido, asestó: "Cantinflas es imagen de retraso, representa a las personas pertenecientes a las clases marginadas, por eso, ciertamente, resulta vergonzoso y denigrante que haya sido elegido como símbolo de la selección nacional de fútbol, pues gente como él significa un problema para nuestra sociedad y el país". Según sus estadísticas, existían en México 2 millones de marginados, que junto a los 70 del total de habitantes, no representaban a la mayoría de los mexicanos. A su juicio, Cantinflas era un mito nacido en los cuarenta y su lenguaje correspondía a la cultura popular, común en la clase media que se gestaba. Hoy la composición de la sociedad es totalmente distinta... Hoy el mito de Cantinflas no tiene ningún respaldo en cuanto a su situación social. No es lo que somos los mexicanos ni mucho menos lo que quisiéramos ser, Cantinflas ya no es conocido por los niños y los jóvenes de ningún estrato social. Acaso tendrá cierta significación para quienes son mayores de 35 años.

Al día siguiente, domingo 24, el psiquiatra Alberto Cuevas Novelo, hermano del famoso pintor José Luis Cuevas, añadió que Cantinflas pertenecía a la "momiza", modismo muy en boga entre los jóvenes de los sesenta con el que se identificaba a cualquier individuo mayor de veinticinco.

A estos juicios de profesionales —que seguramente tenían poca clientela en aquel momento—, se añadieron los de quienes estaban más involucrados: el exfutbolista Jesús del Muro, director técnico de la selección juvenil, aseguró ese mismo día no estar avergonzado del personaje, pero consideraba que éste no se identificaba plenamente con el fútbol nacional. Aquella noche, Mario respondió algunas preguntas relacionadas con su vida y con su nueva identidad de mascota en el programa de Ricardo Rocha. El día 27, tres personalidades más del fútbol fueron entrevistadas: Ignacio el *Gallo* Jáuregui, Ignacio Trelles y Miguel Ángel López, que quedaron dos a uno, pues sólo Trelles, el entrenador del Atlante, sostuvo que Cantinflas era ajeno al fútbol. El *Gallo* Jáuregui aplaudió la decisión de la FMF y López, el director técnico argentino del América, comentó que en su país Cantinflas era "un símbolo de amistad".

A doce días de ser declarado mascota oficial de la selección nacional, Mario asistió a la constitución del Fideicomiso para la Protección al jugador (Fidefut) en el salón de actos del Centro de Capacitación de la FMF. Durante la conferencia de prensa, un periodista volvió a la carga:

—¿Le parece correcto que una figura de hace cuarenta años sea adecuada para la selección de nuestro país?

Mario no respondió. Hurgó en su saco y extrajo unos papeles arrugados, escritos sin duda a raíz de los descarnados juicios de Jacqueline Avramov, y que seguramente hubiera tirado a la basura de no hacérsele de nuevo preguntas delicadas como aquélla. Se colocó paradójicamente sus lentes de cristal ahumado, y leyó las siguientes líneas, que son una enconada defensa del Cantinflas de estirpe marginal, desdibujado por el teatro y por sus numerosas cintas:

Comprendo que hay personas que no estén de acuerdo con esta honrosa designación y están en su pleno derecho, pero en lo que no estoy de acuerdo es que al protestar, lo hacen exponiendo rasgos muy personales que llegan casi al insulto al analizar el personaje de Cantinflas... Entre algunas de esas cosas que se han dicho, se argumenta que pertenezco al grupo de marginados y que soy un lastre social. Que es denigrante que represente a la selección nacional. Que en mis películas nunca he representado ni a los obreros, ni campesinos, sino todo tipo de profesiones no dignas, que es vergonzoso que nos represente una gente con estas características y que Cantinflas es un mito...

Pero quiero aclarar que no necesito ser sociólogo para analizar el personaje de Cantinflas, a quien conozco mejor que nadie, pues nació conmigo... Mi personaje Cantinflas sí pertenece al grupo de los marginados, Cantinflas y yo nacimos, efectivamente, en un ambiente de pobreza, pero digna, de esa pobreza que carece de lo más indispensable, pero nunca fuimos un lastre social. Fuimos pobres, pero con mucha dignidad. Nunca asaltamos a nadie. Nunca robamos ni fuimos corruptos. Surgimos de la carpa y, por el apoyo permanente del público, de todos los públicos de habla hispana, escalamos alturas en el corazón de la gente, que nunca, en nuestras prolongadas privacías, hubiéramos soñado alcanzar... Cuando se habla de que sólo he representado en mis películas profesiones no dignas, quiero recordarles que he sido maestro, sacerdote, profesor, bombero, doctor, pasante de leyes, patrullero, albañil, burócrata, piloto aviador, gendarme y hasta diputado... en mi última película represento a un modesto barrendero cuya profesión es muy digna. Cantinflas significa una realidad, un marginado, pero no un derrotado. Significa el esfuerzo permanente de un hombre que quiere llegar a ser alguien en la vida. Cantinflas quiere ayudar. Es, dentro de su pobreza, un optimismo viviente... Cantinflas rompe los convencionalismos para protestar contra toda injusticia social. Con su lenguaje enredado, se defiende, para no confesar que no sabe lo que debería saber. Ese lenguaje cantinflesco que parece no decir nada y que no sólo usan los marginados de las zonas urbanas sino los encumbrados, cuando no les conviene decir lo que deberían decir y recurren al lenguaje de Cantinflas y dicen... no es bueno ni malo... sino todo lo contrario... Hay alguien, también, que me incluye en la momiza, como si esto fuera un pecado... La momiza es una honrosa satisfacción que todos disfrutan y llevamos con orgullo y en la cual convivimos diariamente con nuestros hijos...

Después de este largo alegato en su favor, Mario agradeció la distinción de que había sido objeto, y añadió que suplicaba aceptaran su renuncia para que su personaje no fuera motivo de polémica. Lo que se necesitaba en aquellos momentos cercanos al campeonato era "que estemos juntos". Esta renuncia cayó como un cubetazo de agua fría sobre los dirigentes del fútbol profesional; su presidente, Rafael del Castillo, advirtió que no aceptaban la dimisión, pero Mario respondió que era irrevocable. Entonces, las personas ahí congregadas soltaron prolongada ovación. Las Porras Unidas del Distrito Federal, encabezadas por Julio Sotelo y el Gordo Ordóñez, aclamaron a Cantinflas y le aseguraron que se reunirían con él el lunes primero de abril para invitarlo a unirse al grupo de animación del tricolor.

Pasando a otro gremio, dos escritores, Tomás Mojarro y Ricardo Garibay, creadores de exitosos seres marginales tanto en el radio como en el cine, también se ocuparon de Cantinflas. Mojarro aseveró que el mimo ya nada tenía que decir a las nuevas generaciones: "El suyo es un caso de muerte súbita, total, irreversible... Pero un momento, que ahora me retracto: Cantinflas, señores míos, no ha muerto, qué va a morir; Cantinflas vive y alienta en sus legítimos herederos, los 'comunicadores' que ahora mismo están soltando sus parrafadas en radio y televisión". Garibay, por su parte, evocó las palabras de don Alfonso Reyes, para advertir que existía el peligro de que los jugadores del tricolor imitaran puntualmente al cómico, por lo cual "no serían enteros jugadores sino remedos de tales, como Cantinflas remeda ser enteramente humano, y no lo es y por eso hace reír". Sería por eso que andaba haciendo de mascota.

Por viudez: ambición

A principios de 1968, Mario comenzó a construir una nueva e impresionante residencia en Loma Linda 231, bajo la supervisión de Manuel Rozen. El cambio de morada se debía a los múltiples recuerdos de Valentina, que lo perseguían de manera incesante en la casa de Las Lomas, y que lo hicieron empezar a sentirse a disgusto ahí. En abril de ese mismo año, millonario y arquitecto viajaron a Houston, Texas, con el fin de comprar aparatos electrodomésticos. Para fortuna de Mario, el dos de abril Rozen conoció a Joyce Jett, hermosa texana madre de tres hijos y gerente de una tienda. Orgulloso de su encomienda, el arquitecto se vanaglorió ante ella de que trabajaba para un hombre famoso y que al día siguiente el mismo Mario iría a recoger sus adquisiciones.

Fue así como, entre refrigeradores y lavadoras, Mario conoció a Joyce Jett, de la que se prendó inmediatamente, aunque no se decidió a abordarla de manera directa, sino que la invitó a través del arquitecto a cenar en su departamento.

Meses después de este primer encuentro, Joyce hizo un viaje de negocios a la ciudad de México y se entrevistó con el arquitecto Rozen sin siquiera acordarse de Mario. Sin embargo, el arquitecto avisó al magnate de la llegada de la bella señora y éste casi la obligó a salir a cenar. Para atraer a la interesante divorciada, Mario hizo el papel del viudo desconsolado y sin cariño:

> Salimos a cenar y esa noche él me habló de su esposa Valentina, que acaba de morir en 66, de su hijo, me mostró fotografías y quería ver fotos de mis hijos. Era un restaurante bellísimo, con violines y comenzaron con la música de *La vuelta al mundo en 80 días*. Y me empecé a dar cuenta de su importancia. Fuimos a un club y cuando bailamos recuerdo que todo mundo nos hizo rueda y dije "Dios mío ¿Quién es este hombre?" Él era elegante y atractivo, y así fue como empezó este romance.

Con todo y su buen comienzo, el idilio fue interrumpido en México por la presencia de la actriz española Irán Eory, a quien Cantinflas había conocido en España, y con la que sostuvo un romance que no culminó en matrimonio porque ella no quiso dejar su carrera, cosa que Mario le había exigido —al igual que hizo con Valentina. Después él diría que no pensó en casarse con ella porque estaba consagrado a su hijo.

Los viajes del cómico a Los Ángeles y Houston reanimaron sin duda su relación con Joyce Jett, aunque no la formalizaba para no empañar la imagen que promovía en sus cintas, si bien un pequeño círculo de amistades de ambos estaba al tanto del idilio. Como buen millonario excéntrico, Mario le daba a Joyce el dinero que le pedía; a la menor provocación le regalaba abrigos de mink, anillos, brillantes, pendientes de oro... Inclusive le prestó 65 mil dólares para adquirir un departamento, aunque en noviembre de 1982 le hizo firmar un pagaré en el que ella se comprometía a devolverle 5,000 dólares al año hasta cubrir el préstamo. En desigual correspondencia, Joyce Jett le regalaba poemas escritos en papel hecho a mano, como

La Navidad y el toro, fechado el 27 de noviembre de 1980, y cuyas últimas líneas dicen:

Es ya de mañana y los niños despiertan. Corren a la puerta y recogen sus premios y ven a Cantinflas risueño y al toro y su paja, y juntos gritan, cuando el par desaparece en el horizonte. Feliz Navidad, Cantinflas y Toro, Buenas noches.

Mario poseía tres lujosos departamentos en Estados Unidos. En uno de éstos, en el 28-C de las Warwick Towers de Houston, Texas, se veía con Joyce. Era un departamento dominado por un retrato del sonriente Mario. En una pared había cinco dibujos al carbón de Diego Rivera, de tehuanas y de sus clásicas vendedoras. Encima de la cola del piano, de una decena de fotografías enmarcadas sobresalían dos por su tamaño: una de ellas, la más reciente, muestra a Mario Arturo de barba y bigote sosteniendo el Ariel de Oro especial otorgado a Mario en 1987 y abrazando a su padre, quien se encuentra junto a Joyce Jett; la otra, que data de la época en que comenzaron su romance, tiene una dedicatoria de letra enorme en el ángulo superior izquierdo que dice "To Joyce With my Love. Mario" (Para Joyce con mi amor. Mario).

Mario permanecía en Los Ángeles y Houston, y frecuentemente realizaba largos viajes alrededor del mundo junto con Joyce, Mario Arturo y un amigo de éste, Sergio Guzmán. En 1987, por ejemplo, se disponían a emprender un viaje a Hawai y Honolulu, para después trasladarse a España.

En uno de sus tantos viajes a Los Ángeles, Mario coincidió con el sociólogo norteamericano James W. Wilkie en el avión. Este investigador especializado en temas mexicanos, descubrió con sorpresa que a su lado, en el asiento 1-B del vuelo 1742 de la compañía Delta, se encontraba

Mario Moreno, quien saludaba a la tripulación como si siempre frecuentara el mismo vuelo. Mario le advirtió desde un principio que él no era Cantinflas. Después le habló del humor del mexicano, que según él no decaía ni con la pobreza social, ni con los terremotos de 1985:

> Yo tengo dos lugares de residencia, uno en la ciudad de México y uno en Los Ángeles y divido mi tiempo entre los dos, por lo cual puedo decirle que los mexicanos tienen la misma actitud alegre, amante de la diversión y optimista en los dos sitios... Dígale a sus alumnos que no ha habido ninguna rebelión en México en contra de las crisis en las que ha vivido el país desde 1982... Y no ha habido, porque el humor le da a la gente flexibilidad frente a la adversidad...

El 22 de abril de 1988, Mario Arturo se casó con la hermosa Araceli Abril del Moral, quien seis años antes había llevado la corona de "Señorita Guanajuato", y que después iba a intervenir en el programa *Qué nos pasa*, estelarizado por Héctor Suárez. El matrimonio civil fue en el penthouse del edificio Torre Lomas y el obispo de Mexicali ofició la ostentosa ceremonia religiosa en la Parroquia de San Agustín, en Polanco. El regalo de bodas de Mario fue una casa estilo colonial, situada en Muitles número 10, Tlaltenango. En esa ocasión Joyce Jett fungió como madrina de lazo.

Sin embargo, cuando en abril de 1989 nació Valentina, la niña primogénita de Mario Arturo y Araceli, un quisquilloso Mario no quiso que Joyce Jett conociera a su nieta, porque no la consideraba de la familia. Esta discriminación provocó la ruptura. Tres meses después de este incidente, ella decidió entablar una demanda de "divorcio" a Mario, con quien había pasado 21 años de su vida, amparada por una ley texana que la reconocía como esposa legal a pesar de que lo suyo había sido un largo amasiato o concubinato de más de veinte años. El abogado de Joyce, J. Michael Solar —un exadmirador infantil de Cantinflas— presentó ante la corte de lo familiar 312, establecida en el condado de Harris, Texas, el trámite de divorcio de Joyce Jett, quien había sostenido durante más de veinte años un matrimonio "común o no ceremonial" con Mario, además de acusarlo de maltrato físico y mental. Días después, la corte dio la orden de que mientras durara el juicio Mario debía otorgarle para su manutención 20 mil dólares mensuales y que la demandante y el demandado no "vendieran, asignaran, transfirieran, hipotecaran, o de ninguna manera alienaran sus propiedades".

Seguro de que llevaba las de ganar, Mario se desentendió del juicio y tuvo el pésimo tino de nombrar a un mal abogado. En noviembre de 1989, en una "cantinflada" digna de *Ahí está el detalle*, se nombró involuntariamente como su propio defensor durante un berrinche trágico-cómico: orgulloso, el 22 de noviembre desechó la propuesta de Joyce Jett de que le diera entre dos y cuatro millones de dólares y ordenó a su abogado que presentara moción para retirarse del juicio.

Concedida esta moción, el juez giró una orden judicial en la que de hecho nombró a Mario como su propio representante, e indicó a los abogados de Joyce que enviaran todos los documentos a México, a la oficina de Cantinflas. Acusado y defensor de sí mismo, el astuto Mario prometió a los abogados de Joyce un acuerdo "privado" antes del 26 de abril de 1990 a cambio de que no mediara el escándalo público. Esta tregua de cinco meses le permitiría, además de respirar, vender sus propiedades en el sur de Estados Unidos pese a la orden de la corte norteamericana.

Sin embargo, otro problema de enorme magnitud se le vino a sumar al acosado cómico. En 1990, durante la celebración del segundo aniversario de bodas de Mario Arturo y Abril del Moral en la discoteca Baby O' de Acapulco, varios agentes enviados por el director de la Policía judicial de Guerrero irrumpieron en el lugar y arrestaron en el baño a Mario Arturo por posesión de droga, para trasladarlo luego a la cárcel. Después de que los esposos discutieron sobre la conveniencia de informar de lo sucedido al ex actor, Abril lo llamó por teléfono a fin de que moviera sus influencias para liberar a Mario Arturo. Varias llamadas de Mario a la Procuraduría General de la República resolvieron el caso, y horas después, junto con Javier Coello Trejo, entonces director de narcóticos, el mimo recibía a la pareja en el aeropuerto de la ciudad de México.

Pasado un mes desde este bochornoso incidente, que no difundió la prensa, ni fue registrado en los archivos judiciales guerrerenses ("a pesar de que se destruyeron los documentos de su detención, los hechos se conocen por relación de testigos", diría Araceli Abril del Moral), Mario recibió en su calidad de defensor de sí mismo una misiva de J. Michael Solar fechada el día 20 de ese mes y redactada en inglés. La carta tenía el "propósito exclusivo de reconciliación", y en ella el abogado de Joyce Jett le recriminaba que se despreocupase del bienestar de su cliente, con todo y que ella había sido discreta ante los medios de comunicación para "ahorrarle a usted y a su familia dolores y humillaciones innecesarios". Después, pasando a asuntos más prácticos, le recordaba que tenía hasta las cinco de la tarde del jueves 26 para llegar a un acuerdo "privado"; después de esa hora, la corte texana podía multarlo e inclusive encarcelarlo. El juicio público sería el día 18; en caso de no asistir, continuaba el abogado, "podrá ver fragmentos del juicio en las principales cadenas de televisión o leer acerca de ellos en su revista o periódico favorito".

Sin temor al escándalo (a fin de cuentas, cuando el suicidio de Marion Roberts había salido bastante bien librado), pero con el firme propósito de no pagar a quien en público motejaba como su "sirvienta", Mario trató de contrarrestar la futura acción de la justicia norteamericana, oponiéndole una declaración de su estado civil por parte de las autoridades mexicanas.

Arturo Mora Saavedra, su abogado en México, se presentó el 30 de abril ante la Procuraduría General de Justicia del D.F., para denunciar a la sedicente Joyce; días después, el 16 de mayo, exigía en el XXV juzgado de lo Familiar que se declarase inexistente el matrimonio entre la texana y Cantinflas, y que por ende, ella no tuviera ninguna facultad sobre los bienes y derechos que integraban el patrimonio de Mario.

Desafiando las leyes norteamericanas, Mario adujo enfermedad y no asistió a su sentencia. El Juez tercero de distrito, Robert S. Webb, concedió el divorcio a Joyce Jett, por el que le correspondían 26 de los 52 millones de dólares del patrimonio común. Para calcular el monto de la indemnización, el juez había tomado en cuenta las propiedades del "esposo": cuentas bancarias en Houston, Los Ángeles, Nueva York y Suiza; los activos de su empresa Anglove en las Antillas holandesas; los condominios de Bella Brisa en Acapulco, y de la avenida de las Palmas en la capital; el rancho Las Acacias, la residencia en Loma Linda 231, el hotel en San Miguel de Allende y un departamento en Cancún. A consideración del juez, no entraron en el inventario ni su edificio Rioma, ni el rancho La Purísima, que curiosamente ya habían sido vendidos. Al enterarse de la sentencia por la cual tendría que pagar 26 millones de dólares, Mario consideró que aquello era una broma, una "cantinflada" injusta:

¡No hay derecho! Háganme favor, un juez me casa con una que me escoge y una persona con la que nunca estuve casado... ¡no hay que ser! Ahora no sé si soy viudo, casado o divorciado. No pueden ser tantos faltos de agricultura... hombre.

Por el momento se le recomendaba a Mario que no viajara a Estados Unidos, sobre todo a Houston, donde podía ser arrestado. Las palabras del actor reflejan su amargura, mezclada con ironía:

> Que un juecesito de un condado de Texas venga a decirme en mi país lo que tengo que hacer... ¡Que me extraditen! ¡Que me secuestren los de la DEA...! La señora que usurpó mi nombre era una amiga de más de veinte años, como muchas otras era una señora que me hacía el favor de hacerse cargo de mi departamento en Houston, aquí alguna vez la invité a mi casa como amiga, era una señora de mis confianzas, es una señora ya respetable que debería respetar al prójimo: anda por los 56 años, así que ya se imagina qué romance... ¿Cuándo ha vivido conmigo?... Uno puede tener amantes secretas, pero esposa secreta no, no le veo la razón.

El miércoles 28 de noviembre, el penthouse del edificio Rioma estaba atestado de periodistas, a quienes Mario había convocado para que su representante legal, Arturo Mora Saavedra, informara en forma triunfal que el juez XXV de lo familiar en el D.F., Mariano José Valle, lo había declarado formal y legalmente viudo, por lo que condenaba a la texana a que se abstuviera "de ostentar vínculo conyugal alguno". "Soy viudo y nunca me he vuelto a casar, y si no me he vuelto a casar pues no hay matrimonio. ¡Cómo va a haber divorcio, por favor", decía Mario a la prensa capitalina, a la vez que acusaba a Joyce de exhibir antiguos retratos suyos como prueba: "Se imaginan si todas las señoras que tienen retratos míos me demandaran, no, entonces no me daría abasto".

El 3 de mayo de 1990 llegó a su fin el *affaire* Mario Moreno-Joyce Jett: el sobrino de éste, Eduardo Moreno Laparade entregó a los abogados de ella un cheque de 700 mil dólares. Años después, el cómico recordaría con orgullo que "de los 26 millones de dólares que pretendían llevarse Joyce Jett y sus abogados, se conformaron con 700 mil. En eso fijó esa mujer el precio de su pretendida amistad; o mejor dicho, eso pagué por no saber con quién trataba..." Claro que no todo fue alegría, ni 700 mil dólares. Joyce también se quedó con el departamento de Houston valuado en 600 mil dólares —y que inmediatamente vendió—, y comenzó a percibir la mitad del 65 por ciento de las regalías que la Columbia Pictures entregaba a Mario por los derechos mundiales de explotación de sus cintas.

Sus últimos años

El 21 de diciembre de 1992, el presidente Carlos Salinas de Gortari recibió al octogenario Cantinflas en la residencia oficial de Los Pinos, acompañado de algunos amigos suyos: el publicista Eulalio Ferrer, el fotógrafo Gabriel Figueroa y las actrices Silvia Pinal, María Victoria, Delia Magaña y Ninón Sevilla. Los últimos meses de 1992 habían sido dedicados a homenajear a María Félix por sus cincuenta años de vida artística, y en esta ocasión el mandatario le señaló que la Presidencia de la República deseaba hacer un "festival de homenaje y reconocimiento" al octogenario actor.

Ningún otro presidente había tenido esta consideración hacia él y Mario se sintió halagado. Visiblemente delgado, con la voz fatigada y superando su parálisis facial, esbozó en esta última presentación pública una difusa autobiografía, ante un presidente que demostró amplios recursos periodísticos ("... me está haciendo una entrevista que no me habían hecho", le dijo Mario elogiándolo). Sin embargo, cometió en ella tres flagrantes errores, dos de los cuales fueron puestos en evidencia por los cronistas de espectáculos y hasta por historiadores como Alfonso Taracena: Mario señaló que había nacido en la calle de Santa María la Redonda casi esquina con Pedro Moreno —héroe insurgente homónimo de su padre—, cuando en realidad fue algunas cuadras más al norte. Además, aseveró que el sobrenombre artístico de Cantinflas había surgido como producto de una descomposición de nombres que fonéticamente le gustó (de hecho, sigue estando por averiguarse el origen de su exitoso primer mote: Cantinflitas). Por último, Mario aseveró que su primera cinta en color fue *Ni sangre ni arena*, pero le falló la memoria: fue *El bolero de Raquel*.

Para enero de 1993 los días del anciano Mario estaban ya contados. A pesar de su frágil salud, continuaba despachando en el penthouse del Rioma y a finales de ese mes —antes de trasladarse a Houston, Texas, para su chequeo médico— concedió la última entrevista. El jueves 4 de febrero la fundación Emily Cranz, establecida en Houston, lo homenajeó por su trayectoria fílmica y dos días después, de regreso en México, visitó por vez postrera su rancho Las Acacias. A mediados de febrero comió con Raúl Vale (quien le había escrito algunos temas para el disco *Con los niños del mundo*), para concretar el proyecto de presentar juntos un espectáculo, ya que Mario le había dicho al comediante mexicano-venezolano que sólo con él realizaría un show. También hablaron de las actividades de la recién creada Academia Mexicana del Humor, de la que Cantinflas era presidente honorario.

Días después, el lunes 15 de febrero, Mario se sintió mal. Su hijo Mario Arturo, unido ahora a la espigada Sandra Bernat —con quien había procreado a Patricio—, confesaría que por esos días el ex actor tuvo un disgusto con una persona. Aquel lunes, su sobrino Eduardo Moreno Laparade le concertó una cita para el martes con el cardiólogo Pedro López Velarde, "para un chequeo que demostró una mancha en los pulmones y en el hígado".

El domingo 21 de febrero, el octogenario decidió trasladarse a Houston e internarse en el Hospital Metodista, quedando bajo la custodia del doctor Víctor Rivera. La quimioterapia y la radioterapia comenzaron a minar su maltrecha salud. Moreno Laparade advirtió que su tío empezaba a bajar de peso pero no perdía el humor, inclusive hacía planes para el futuro. Dos días después, a pesar de su maltrecha salud, Mario estaba aferrado a interrumpir el tratamiento médico por sugerencia de su hijo. Esta noticia dejó frío al sobrino: traerlo a México significaba esperar que el tumor se desarrollara y que en cuestión de días sobreviniera la muerte. Según Mario Arturo, no había posibilidad de operar porque el tumor estaba muy cerca del esófago. "Una mañana, cansado de tanta medicina, me pidió que viniéramos a México y le di ese gusto porque los médicos dieron pocas posibilidades de vida". Sin embargo, ese mismo día Moreno Laparade habló con el doctor Lane, que no entendía por qué se tomaba una decisión tan absurda. Al conocer la opinión del médico, Mario alcanzó a decir que si él lo acompañaba se quedaba, pero después se arrepintió por influencia de su hijo. Al interrogarle después sobre este precipitado cambio de opinión, Mario no quiso contestar a su sobrino, "simplemente me miró a los ojos e hizo un gesto de resignación".

El 27 de marzo trasladaron a Mario a la ciudad de México en el avión particular del señor Roberto González Barrera. Desde ese mismo día, Mario Arturo y Sandra se posesionaron del hogar para estar cerca del enfermo. Una semana después, un insistente rumor señalaba que Cantinflas había sufrido una seria recaída, por lo que fue internado en un hospital de la capital. Días después, el cómico Jesús Martínez Palillo visitó a su amigo a las ocho y media de la noche. Los dos se habían conocido en su juventud a mediados de los treinta, en los populares teatros-salones, pero sus trayectorias habían seguido senderos divergentes. *Palillo*, conocido por sus bromas sangrientas, le confesó que se arrepentía de todas las travesuras que le había hecho y de los errores que cometió.

Mario le respondió que lo perdonaba. Al día siguiente, su comadre doña Amalia Roquero viuda de Bornacini le llevó al capellán del Sanatorio Español, el presbítero José Rodríguez, para que lo reconfortara espiritualmente, lo confesara y le administrara los Santos óleos. El domingo Mario reconocía aún a las personas que lo rodeaban en el lecho de dolor: su hermano Roberto, su sobrino Eduardo, su hijo Mario Arturo y su nueva esposa, su comadre Amalia y la servidumbre. El lunes ya no reconocía a nadie. Pesaba 19 kilos menos y vivía a base de suero y oxígeno: El cáncer le había minado los pulmones.

La noche del lunes, Mario Arturo informó a los reporteros apostados en el portón de la residencia, que Cantinflas había recibido numerosas llamadas telefónicas pero no quiso contestar ninguna, y que no hablaba desde ayer. "Hoy pasó el día callado y dormido. Suspirante, tranquilo". El doctor José Nava reveló que Mario sabía que su inexorable fin estaba cerca desde febrero. A las ocho y media de la noche del martes 20, durante el noticiero *Muchas noticias* del canal 9 salió al aire una entrevista grabada con Mario Arturo, quien señalaba que la salud de su padre era estable porque la afección había sido controlada: "viene por la mañana al comedor y desayuna con nosotros y manifiesta su buen humor". Minutos después de esta declaración, Mario Moreno Reyes transitaba hacia la muerte. Fue su comadre Amalia Roquero viuda de Bornacini quien se dio cuenta de que estaba agonizando. Tan sólo estaban presentes ella y su comadre Juanita Vivanco. Sorpresivamente dijo: "Se está muriendo". Llegó la enfermera Yolanda Rodríguez y lo confirmó. "Lo persigné y coloqué un escapulario sobre su pecho. Se quedó como dormido y dejó de suspirar. Eran entonces como las nueve de la noche con quince minutos. Llegaron al punto Mario Arturo, Sandra y Olga Schilinsky; su hijo se puso a llorar e inmediatamente bajó para hacer una llamada a Televisa y dar la noticia. Mario Arturo, por su parte, dio una versión más filial: declaró que él y su esposa Sandra Bernat estaban a su lado en el momento de fallecer Cantinflas. "Papá me tenía tomado de la mano y así vimos su último suspiro. Murió en mis brazos".

¿Eran las 21:15 o las 21:25 de ese martes 20 de abril cuando murió Mario Moreno Reyes, víctima del cáncer pulmonar?

Después de las diez de la noche proyectaron en homenaje una de sus mejores películas: *El gendarme desconocido*. En los primeros minutos del miércoles 21 de abril, una Combi color blanca llevó el cuerpo del actor a la funeraria Gayosso de Félix Cuevas, la misma agencia que años antes se había encargado de los servicios funerarios de su fiel esposa Valentina.

El féretro, color cobrizo rematado en las esquinas inferiores con reproducciones en miniatura de La Piedad de Miguel Ángel, fue subido a las capillas A y B al filo de la una de la madrugada. Mario Arturo, acompañado de su esposa, declaró a la prensa que Cantinflas sería cremado y sus cenizas depositadas en la cripta familiar del Panteón Español, como habían sido sus últimos deseos. En el velatorio, el catafalco no iba a ser abierto para que la gente lo recordara tal como fue en vida. Como todas las ceremonias en la vida de Mario, en esta postrera hubo también mil celebridades.

Del teatro de la ANDA los restos de Cantinflas pasaron al Palacio de Bellas Artes el día jueves, donde dos días antes se había organizado un inadvertido homenaje póstumo al compositor Blas Galindo. El titular del Consejo Nacional para la Cultura y las Artes, Rafael Tovar y de Teresa, declaró que las exequias de Mario significaban un "reconocimiento de las expresiones populares". A las 11:30 la Orquesta Sinfónica Nacional interpretó *Las golondrinas*; no conforme con eso, se siguió con *El rey, Cielito lindo* y el *Son de la negra*. Para el filo del mediodía habían ya desfilado ante el ataúd 12 mil personas, que aumentaron a 65 mil, horas después.

El viernes 23 de abril elementos del Cuerpo de Bomberos, luciendo uniforme de gala, trasladaron el ataúd de Bellas Artes al Panteón Español, localizado en Tacuba. Los restos de Mario fueron ahí incinerados a partir de las 13:29. Después Mario Arturo llevó las cenizas a la cripta familiar, donde yacían los padres y la esposa de Cantinflas.

Ahí reposan ya los restos de Fortino Mario Alfonso Moreno y Reyes, el vaguito de la colonia Guerrero y del centro de la ciudad de México, el frustrado púgil profesional, el máximo representante de los teatros-salones y las carpas de los años treinta, el Cantinflitas que trastocó su nombre artístico por el universal Cantinflas, el rey del Follies Bergére; el actor preocupado por la limpieza sindical, el líder de la ANDA y del STPC, la estrella fílmica de las productoras Cisa, Posa Films, Posa Films Internacional, Rioma Films y Cantinflas Films, S.A.; el inspirador de platillos, creador de las "puntas de filete a la Cantinflas" que se podían probar en su restaurante Rioma; la luminaria internacional de *Around the World in 80 Days* y *Pepe*; el genial torero bufo y ganadero, el filántropo, inspirador de versos, epigramas, canciones, pasodobles y corridos en pro y en contra (el más hiriente fue obra de la Bandida, lenona incondicional de Miguel Alemán); el cómico más caricaturizado, el personaje plasmado por Diego Rivera, Rufino Tamayo y Gunter Gerszo; el perpetuo enamorado de sus "galanas" cinematográficas, y de hermosas rubias extranjeras; el multimillonario productor, dueño de una gasolinería, de impresionantes ranchos, edificios y departamentos en el extranjero; la fallida mascota de la selección nacional en 1985, el desternillante defensor de sí mismo en sus cintas, el inexperto litigante internacional, el amigo de los presidentes estadounidenses y mexicanos, de Lázaro

Cárdenas a Salinas de Gortari; el inconstante empresario teatral, el inventor de las palabras Cantinflada ("Discurso largo y de poca enjundia") y Cantinflear ("Hablar mucho y decir poco"), acuñadas por la Real Academia Española; el ex actor agobiado por el escándalo y el cáncer, de quien dicen que dijo en agosto de 1984 su propio epitafio: "Parece que se ha ido, pero no es cierto", y que cantó en uno de sus temas "a la muerte le haré cantinfladas... pues yo soy así".

Mario Moreno y "Cantinflas"

¿Por qué "Cantinflas" hace reír al público? ¿Es cosa del arte del bufo Mario Moreno? ¿Cuál es su originalidad? ¿Dónde está el detalle? Nos dice: "Yo nunca digo cosas que escribió un autor, digo lo que se me ocurre, voy improvisando. Y eso le hace gracia al público. Hablo solamente apoyado en mi buena estrella".

Y se lanza a hablar en una forma casual tan acertada que con el tiempo la magna Academia de la lengua española bautiza como "hablar cantinflesco", que es su expresión de palabras mal organizadas que en realidad no dicen nada, pero hacen reír: "Mire mi joven, uno llega y ¿para qué? pos mejor no, y a lo mejor, pos ya estuvo y no hay para qué si al fin que, ¡qué digo yo! Mejor ni le digo, pero ahí está el detalle. Bueno, mi joven pase una 'sura' (moneda) pa'l pulmón (pulque)..."

Así habla en el cine, pero en la vida real conversar con este actor cómico resulta muy serio. Cuando una cita es para las 10:30 y se llega a las 10:30, y el entrevistado está listo para recibirnos de inmediato, hay algo que huele bien. Físicamente idéntico a como lo vemos en el cine cuando va de cuello y corbata. Se ve sin edad definida, y está detrás de un inmenso, enorme escritorio de caoba, muy barnizado, antiguo, finísimo. La gran oficina está llena de pequeños detalles únicos: se ve una planta en flor, cuadros de Tamayo, Siqueiros, un pequeño Dalí. Las cortinas están cerradas y la luz artificial es más bien baja. Temimos que hablara mucho sin decir nada, como en sus películas. Pero no fue así, "Cantinflas" sólo existe en la ficción, pues Mario Moreno no tiene nada que ver con su personaje. Pensamos, sin embargo, que este señor llamado Mario Moreno es "Cantinflas", y que "Cantinflas" no sería nadie sin Mario Moreno, quien, a su vez, no sería alguien sin "Cantinflas". Esta es la cuestión. Le preguntamos dónde está el punto de contacto, o de descontacto, que aquí es lo mismo, entre Mario Moreno y "Cantinflas", y responde uno de los dos, o los dos o uno que los contiene a ambos, no lo sé:

—Lo cierto es que el más fuerte es Mario Moreno, o estaría perdido: se lo comería Cantinflas.

—¿Discuten ambos?

—Muy seguido. Discutimos frecuentemente.

—¿De qué discuten?

—Discusiones que uno tiene con uno. A veces le digo: "Ahora entras tú", cuando considero que debe entrar. Y entra bien. Cuando considero que debe quedarse bien quietecito, pues se queda bien quietecito.

—¿En qué basa su relación con Cantinflas?

—Precisamente en la discusión, siempre hemos discutido.

—¿Las discusiones que mantenían en sus principios son diferentes de las que tienen ahora?

—Sí, porque ambos hemos crecido. En un principio discutíamos acerca de su proyección, por ejemplo, pero luego no fue necesario.

—¿Cómo se proyectó Cantinflas?

—Ambos creemos que es un problema terrible la deshumanización del mundo. Entonces, la proyección de

Cantinflas más que social se hizo humana. Convenimos en hacer algo para que el mundo se componga un poco; se puede hacer no mucho desgraciadamente, pero lo poco que podemos hacer, lo hemos hecho.

—¿Haciendo reír?

—Así es. La esencia del universo es la alegría, la buena disposición, lo positivo. El buen humor no tiene sistemas ni técnicas, es una sensibilidad humana que expresa un momento apropiado. Y si el mundo aprendiera a usar más esta sensibilidad, creo que todo sería mejor. Disminuirían las diferencias que alejan a las gentes.

—Usted ha dicho que Cantinflas nació emitiendo una carcajada.

—Y en el mismo instante en que nací yo. Después Mario Moreno y Cantinflas se fueron dando forma, uno al otro.

—¿Cómo creció Cantinflas?

—Como un tipo muy sincero, que desea ayudar a todo el mundo, especialmente a aquellos que necesitan ayuda porque es alguien que piensa en los demás antes que en él.

—¿Es libre Cantinflas?

—Eso sí. Tiene la libertad para rebatirme y decirme lo que quiera y, cuando tiene la razón, puede estar seguro que gana, porque es un tipo que siempre pelea con la razón.

—¿Es actual?

—Sin duda. Cantinflas vive de acuerdo a como vive el mundo, funciona como funciona el mundo. Por eso, si bien es parte del pueblo mexicano, además es parte de todos nuestros pueblos. Cantinflas está incorporado a la gente, sufre con su público y, sobre todo, ríe con su público, intemporalmente.

—¿Cómo se le ocurrió crear a Cantinflas?

—Nació como todas las ideas nacen. Es una cosa muy simple y muy complicada. Le puedo decir que nació pensando que es tan injusta esta vida que decidió también pensar en la justicia.

—¿Cómo fueron sus inicios?

—Lo puse a trabajar en unos salones-carpas, que eran unos teatros muy pobres, pero que el pueblo amaba; allí se inició el primer contacto de este tipo con la gente. Estos teatros portátiles, de barrio, fueron su escuela. Yo tengo estudios básicos, estuve en la primaria, luego algunos años en la secundaria, y a trabajar. No tuve posibilidades ni tiempo de seguir estudiando. O sea que lo que sabemos lo fuimos aprendiendo en la vida misma, que es la escuela más efectiva. Entonces, Cantinflas comenzó trabajando en una carpa.

El modesto espacio teatral conocido como carpa, si bien no es privativo de México, pues se extendió como fenómeno casi paralelamente en toda América, es en México donde más se popularizó porque tiene aquí sus raíces propias. El cronista del teatro popular mexicano Luis Ortega, nos dice al respecto:

—El fenómeno de las carpas como ámbito de la diversión popular está muy ligado al acontecer social del pueblo. Hay quienes derivan la carpa del Mester de Juglaría medieval, otros encuentran sus raíces en los Misterios cristianos que importaron los misioneros españoles. Nosotros aceptamos esas autorizadas opiniones, pero creemos que las raíces de la carpa están en la serie de acontecimientos que derivaron de la Revolución mexicana.

—¿Cómo se explica este origen?

—Recordando que a principios del siglo XX, el pueblo de México, sobre todo el provinciano, no tenía espectáculo propio. El teatro era privilegio de las clases altas, y los géneros que se cultivaban no tenían arraigo popular. La ópera, la zarzuela, la comedia... planteaban asuntos que nada tenían que ver con el sentir y el vivir populares, se presentaban en idiomas extranjeros, era caro. Y vino la

Revolución de 1910. Estos teatros cerraron sus puertas y los circos perdieron a sus animales, porque no tenían para mantenerlos. El cine mudo no alcanzó a extenderse popularmente, y las primeras películas eran habladas en inglés con títulos en español, pero el pueblo no las aceptó porque no sabía leer, o sea, no había una verdadera diversión popular; entonces el pueblo creó su espectáculo, proliferando esos teatritos que, como los circos pobres, encontraban asiento en cualquier lote baldío de los que había muchos por la remodelación de la ciudad luego de la Revolución.

—¿Cómo eran las carpas teatrales?

—Empezaron con toldo de lona y muros hechos con tablas procedentes de las demoliciones. Fueron famosas carpas como "Mayab", "Ofelia", "Procopio", "Maravillas", "El liriquito", "El salón París"... que antecedieron a los primeros teatros de revistas, como el "Colonial" y "Río", que luego como idea se extendieron a todo el continente. El teatro salón "Noris" fue la primera carpa elegante, con butacas, palcos y plateas, así como diferentes formas de alumbrado. Las bancas de las carpas se hacían de tiras de madera, muy resistentes; cabían de diez a doce personas por banca, pero con buena voluntad cabían hasta catorce. Al frente, junto a la entrada, antes de comenzar la función se ponían los músicos con trompetas y timbales muy estridentes para llamar la atención del transeúnte, y tres o cuatro gritones anunciando el espectáculo.

—¿Cómo era los espectáculos que se presentaban?

—Diría que todos se inspiraban en las vivencias cotidianas del pueblo, lo que acontecía a personajes de la época, políticos, artistas famosos, la música que estaba de moda. Eran infaltables los intérpretes de canciones como "La Adelita" y "La cucaracha", que todo el pueblo cantaba; nunca faltaba alguien que cantaba tangos y boleros. La fina ironía del pueblo se asoció con el ventrílocuo, el malabarista, el declamador y la vedette, las infaltables chicas más bellas que era posible encontrar. Todos crearon su espectáculo bajo el toldo de lona circense, del cual la carpa tomó su nombre. Una vez en el escenario, el maestro de ceremonias se hizo declamador, la vedette aprendió a cantar y los cantantes aprendieron a actuar. Y todos bailaban...

—¿El payaso típico del circo siguió su rutina en la carpa?

—En un principio sin cambio. Yo recuerdo haber visto actuar a Cantinflas en sus comienzos con la cara enharinada, pintado como un payaso típico de circo, luego se quitó esa máscara y se hizo cómico con el rostro descubierto, cambió su ropa de payaso, ropa de seda, por ropa común y corriente y marcó un precedente.

—¿Era importante la actuación de los cómicos en la carpa?

—Era decisiva para el éxito o fracaso de la función. Así como el payaso era el alma del circo, el cómico se volvió el imán que atrajo al pueblo para oír, de labios de alguien igual a él, las bromas cáusticas con que criticaba a la sociedad que detentaba el poder. No queremos ni podemos hacer historia en una entrevista, no es el caso, pero si algún antepasado tienen los cómicos nacidos en la carpa, habría que remontarse al "Negrito Poeta", al "Periquillo Sarniento" y a "Pito Pérez", sin olvidar a José María Aycardo, aquél payaso mexicano que fustigaba a la sociedad hace más de un siglo, y de él habría que llegar, entre otros, hasta Cantinflas, el más alto cómico surgido de los teatros de carpa, estos teatros portátiles que seguirán vivos mientras un artista trabaje para el pueblo, bajo el cobijo de un toldo de lona.

Entonces, Cantinflas es un cómico salido del pueblo y ubicado sin más incentivo que su propia audacia y sueños en un tablado carperil. Mario Moreno nació en 1911, y antes de hacerse actor cómico fue boxeador, cantante de tangos, bailarín, mesero y soldado. Se decidió por la actuación, y eligió bien porque llegaría a ser uno de los artistas más famosos surgidos de México. ¿Cómo fueron sus primeras actuaciones? Testigo presencial fue el músico Alberto Marín del Real, nacido en 1903, quien nos dice que su vida entera ha girado alrededor de "ese mundo mágico del teatro popular". Hoy retirado, escribe sus memorias, en las cuales recuerda a Cantinflas y cómo lo veían en sus inicios quienes actuaban en los mismos espectáculos que él:

—Cantinflas comenzó a hacerse popular a comienzos de 1930; el pueblo lo aceptó casi de inmediato. Yo recuerdo haberlo visto por primera vez actuando con la cara pintada de negro, interpretando el "Charleston negro": bailaba aceptablemente. Más tarde en otra carpa lo vi bailando "tap", cruzamos algunas palabras y me di cuenta que era casi un niño, aunque nada de tímido. Luego nos cruzaríamos constantemente, porque en este ambiente todo el mundo se unía en un elenco alguna vez. Yo toqué mi guitarra varias veces en elencos donde él iba.

—¿Usted vio, entonces, la evolución de Cantinflas?

—Todos lo percibimos. De repente, él cambió de personalidad. En la carpa "Rosete", allá por San Antonio Tomatlán, actuaba en un sketch junto a la "Yoly-Yoly", una vedette muy popular en la época. Ella lo ayudó mucho, le enseñó a maquillarse e hizo que Cantinflas usara los pantalones a punto de caer, la camiseta de tres botones y el sombrerito clásico de peladito de barriada, o sea, al estilo "Chupamirto", que era una tira cómica creada por José de Jesús Acorta en el diario *El Universal*. De ahí viene el aspecto físico de Cantinflas, de un personaje del periódico, con pañuelo al cuello como usan los campesinos mexicanos y con un chaleco, al que Mario llamaba "la gabardina". Era muy gracioso como se vistió, dando forma a su personaje.

—¿Cómo era fuera de escena?

—Era inquieto, siempre estaba en movimiento. Nos caía simpático, porque, al igual que su personaje, hablaba y hablaba y no siempre se entendía lo que estaba diciendo. Creo que tenía muchos hermanos, como quince, y su padre era empleado de Correos: la necesidad lo incentivó mucho.

—¿El dejó luego de bailar?

—No, casi todos los actores debían bailar siempre, porque casi todas las carpas eran también salones de baile, y ellos debían ayudarse así; a nosotros, en cambio, nunca nos obligaban a otra cosa; los músicos siempre teníamos nuestro trabajo, incluso en los mismos cines, entre funciones, había bailable por el mismo precio de la entrada; ya habían comenzado a entrar las primeras películas de Hollywood, y espontáneamente nacieron los primeros "dancings", que amenizaban orquestas como los Tacos Posada y sus Melódicos: yo trabajé con ellos un tiempo, y con los Five Happy Devils; también fueron famosos los del Escuadrón del Ritmo; Las Danzoneras; Concha y sus Cometas; Babuco y Balderas, en fin, muchos grupos de los cuales hablo en mis "Memorias". Los bailes de entonces eran el danzón, el fox, el tango, el blues, el paso doble y el vals, y el mejor lugar era el "Salón México", que se hizo legendario.

—¿Cuándo recuerda a Cantinflas ya actuando con éxito?

—En la carpa "Valentina", que estaba en Tacuba. Ese salón, como ya se llamaba a las carpas más acondicionadas, tenían un buen elenco. Yo trabajaba en un grupo musical con Marcelo Chávez, el hermano de "Tin-Tán". La estrella era Valentina Zubareff, y Cantinflas la acompañaba en un sketch; luego se casaron. Allí también Cantinflas hacía un dúo con el artista excéntrico Schilinsky: hacían los consabidos números de boxeo estilo circo con esos guantes planos, se cacheteaban y el público reía a carcajadas cuando Cantinflas se tambaleaba al recibir el

174

cachetazo del fortachón Schilinsky; luego bailaban "tap" y cantaban acompañados de sendas guitarras, pero nunca fue un cantante o un músico, en verdad era más bien todo en broma.

—¿Qué otra rutina recuerda que hacía Cantinflas?

—Eran muy exitosas en ese tiempo algunas películas como "Drácula", "El hombre invisible", "Frankestein"... y Cantinflas y Schilinsky hacían parodias de todas ellas, con Valentina de heroína. Luego pasaron a trabajar al "Salón Rojo", que era la carpa más popular: estaba en Santa María la Redonda esquina Pedro Moreno, y la estrella era Celia Tejeda, que fue una artista muy famosa en México. Allí Cantinflas y su elenco acabaron con el cuadro. Fue como si el público los hubiese estado esperando. Fue evidente que era algo más y llegó a ser el número uno.

Por Marín del Real llego a conversar con Celia Tejeda, una de las artistas que llenó sola toda una época del teatro popular mexicano. La llamada "reina de las carpas" en la actualidad, ya mayor, vive alejada de los escenarios, "pero no de la vida", dice riendo al comenzar esta conversación:

—Yo recuerdo muy bien cuando comenzó Cantinflas, y él sabe que colaboré en sus primeros triunfos, porque hice papeles en sus sketchs cuando él no era quien es y yo ya era Celia Tejeda.

—¿A qué atribuye el éxito de Cantinflas?

—A su capacidad de no desaprovechar las oportunidades. Mire, yo en un momento de mi carrera llegué a ubicarme junto a Lolita (Dolores) del Río y a Lupe Vélez; y de las tres, a quien más quería el pueblo era a mí; el pueblo me dio mi hogar y un buen pasar en mi retiro. Pero sé que no aproveché mi momento, y no me importa, porque quien toque la historia del Teatro mexicano me tocará a mí.

—¿Cuándo actuó por primera vez junto a Cantinflas?

—En el "Salón Rojo", que en su momento era la mejor de las carpas. Yo encabezaba el elenco, que también formaban Guillermo Bravo Sosa, Lupe "la criolla", Gloria Marín y su hermana Lilí, Claudio Estrada y Mario del Valle, Meche y Carmen Barba... el cómico era Armando Soto "Chicotito". Era un elenco extraordinario en la época y la carpa estaba a reventar desde las cinco de la tarde hasta la última función, que era a la una de la mañana. Pero "Chicotito" se enfermó, y Pepe Rivero, que era el empresario, tuvo que contratar a otro cómico, y llevó a Cantinflas que, con su mujer Valentina y otros artistas, pasó a engrosar el elenco. Fue un éxito. Creo que antes del "Salón Rojo" Mario actuaba como "Cantinflitas", entonces pasó a ser "Cantinflas".

—¿Cómo eran los espectáculos que presentaban?

—Fue muy exitosa una serie de parodias que hacíamos de películas de éxito, según ideas que se le ocurrían a Mario, quien tomaba la trama de las primeras películas sonoras, que comenzaban a ser un éxito inusitado, y a partir de allí inventaba las escenas que actuábamos. Le hablo de hace mucho tiempo, piense que era la novedad el gas neón para anunciar las marquesinas. La primera artista mexicana en ver su nombre en gas neón fui yo, y más tarde Cantinflas. Luego del "Salón Rojo" hicimos varias temporadas en la carpa "Mayab", que fue del mismo empresario... época grandiosa.

—¿Usted fue testigo de la Revolución de 1910?

—Por supuesto. Yo comencé a trabajar en 1912, cuando las carpas nacieron, para mantenerse en gloria y majestad unas tres décadas en el gusto del pueblo, por eso algunos explican el Teatro de revistas como una consecuencia de la Revolución, en que el público quería olvidar la tragedia que vivió cada hogar mexicano, porque a todos, de una u otra manera, nos afectó la violencia que se desató entonces.

—Entonces, ¿usted está de acuerdo en ubicar al Teatro de revistas como una consecuencia de la Revolución?

—Por supuesto. Recuerdo que San Juan de Letrán había sido escenario de hechos sangrientos. Yo era una niña, pero sabía qué hechos sangrientos habían ocurrido en las calles, y principalmente en San Juan de Letrán, pues era algo así como la calle principal del México de entonces; allí se libraron batallas, en sus calles aledañas y plazuelas hubo cadáveres, la sangre manchó todo, un horror, los soldados acampaban ahí mismo, y cuando terminó la Revolución todos estaban hartos de matanzas, deseosos de la paz, y allí, en el mismo escenario que antes fue campo de batalla, nacieron las primeras carpas. Y se mantuvieron muchos años; yo me inicié en las carpas de San Juan de Letrán. Recuerdo que cuando se amplió la calle para llegar a ser la Avenida que hoy es, vinieron los derrumbes de muchas casonas y vecindades, y en los predios vacíos se instalaron las carpas formalmente constituidas, como la "Colonial", en cuyo espacio luego se construyó el teatro que luego sería el mejor de entonces. Esa arteria era un hervidero de gente, y de allí las carpas se extendieron a todas partes, a todos los barrios, pero comenzaron en San Juan de Letrán, en sus calles y plazuelas, que sirvieron de escenario para los pioneros, que éramos puros artistas mexicanos.

—¿En los inicios del cine sonoro en México, qué salas de cine eran las más importantes?

—Se había inaugurado hacía poco el "Alameda" y era una locura. Recuerdo el "Academia Metropolitana", que era muy lujoso, más higiénico. Para atraer al público al cine los empresarios presentaban números de variedades entre una y otra serie de películas, que eran cortas, duraban cada una entre uno y tres minutos, generalmente. Antes, en la época muda los cinematógrafos se habilitaban en cualquier salón más o menos grande, donde se acomodaban sillas, las más que se pudiera poner, y quienes no alcanzaban a sentarse, esperaban afuera. El más popular era el "Biógrafo Lumiére". Luego, en el sonoro, surgieron muchas otras salas; era una época de recuperación económica. Gobernaba el general Lázaro Cárdenas y el pueblo tomó mucha fuerza. Habían cines como "La Arcada", en calle Independencia; la "Sala Allende"; el "Teatro Hidalgo"; el "Teatro Arbeu"; el "Trianon Palace"; pero el más famoso fue el "Salón Rojo". La popularidad inmediata del cine sonoro no disminuyó al público que llenaba las carpas, al contrario. En el caso de Cantinflas, tomando sus parodias del cine, hacíamos nuestras parodias de lo que era un éxito en la pantalla. Él se hacía cada vez más famoso, y llegó un momento en que fuimos las máximas estrellas del pueblo; usted puede consultar los archivos de la época, los programas, los carteles en que nos anunciaban. Actuábamos con público hasta los topes. Luego surgió una gran competencia entre los empresarios, que hacían lo imposible por superar los espectáculos que presentaban. Nosotros pasamos todo el elenco a actuar a "La Principal", con ambos encabezando el elenco, y luego pasamos a la carpa "Ofelia", que estaba en el mismo sitio que hoy ocupa el Teatro Blanquita, y frente al "Salón México", que era una locura: siempre estaba repleto de público.

—¿Qué actos presentaban entonces?

—Recuerdo un sketch genial inspirado en "El hombre invisible", que era la película de moda. Fue tan exitoso que durante mucho tiempo lo mantuvimos en cartelera, como no se había visto hasta entonces; el público, cada vez que queríamos presentar otra cosa, nos pedía a gritos que hiciéramos "El hombre invisible", donde Cantinflas estaba muy divertido. De ahí en adelante él se hizo una estrella, que confirmó luego en el cine.

En ese tiempo también Mario Moreno inicia otro aspecto de su carrera que lo ha singularizado: la energía decidida que ha puesto en su labor gremialista en favor del trabajo artístico. A propósito de esto converso con Carlos Santander, uno de los primeros representantes de artistas que se instaló formalmente en la calle de Ayuntamiento, donde hasta hoy subsiste esta rama tan importante del medio. Hoy retirado, Santander recuerda a Cantinflas como "uno de los pocos artistas famosos que nunca se negó para actuar en obras a beneficio de sus compañeros". Dice:

—Mario Moreno ha sido siempre un gran luchador por los derechos de los artistas de variedades. En una época en que ser artista era casi un estigma, personalidades como él y Jorge Negrete, idearon formar un grupo que respaldara a los carperos, así nació la Unión de Artistas de Variedades y Similares. Años más tarde se unieron con la Sociedad de Actores y así se formó la Asociación Nacional de Actores (ANDA), que cobraría una fuerza gremial inusitada, y que se mantiene hasta ahora luchando por el bienestar de todos los artistas mexicanos.

—¿En qué años sucedía esto?

—Diría que fue a comienzos de 1940 o poco antes. Cantinflas encabezaba el elenco del "Follies Bergére", que antes era la carpa "Molino Verde" y luego el Teatro Garibaldi. Cantinflas pasó de la carpa al teatro, y fue famoso un gesto suyo: su primer sueldo de estrella salió a repartirlo en la calle entre los boleros (lustrabotas) y voceadores de diarios capitalinos, ¡qué tiempos!

—¿Cómo se presentaba Cantinflas cuando ya era estrella?

—Recuerdo una ocasión muy especial en el "Follies"; al parecer él había tenido divergencias con Pepe Furstemberg, que era el empresario de ese teatro, y se había retirado del elenco, pero el público dejó de asistir y debieron volver a contratarlo de acuerdo a sus exigencias. Cuando se anunció que volvía, la sala se llenó a reventar, y cuando Mario salió a escena, el público se volvió un solo griterío, nunca antes se había oído un aplauso tan estruendoso. Entonces Cantinflas se paró en seco en medio del escenario, se veía muy impresionado por el recibimiento que le daba el pueblo, y parecía que iba a llorar, pero no, de repente exclamó: "¡Ay mamacita!", y la gente soltó la carcajada, y así estuvo el público durante toda la función: entre risas y aplausos constantes ante cada cosa que decía. Ya era un ídolo indiscutible.

—¿Había comenzado a hacer cine?

—Sí, pero en papeles secundarios hasta entonces. Luego del "Follies" hizo su primer estelar: *Ahí está el detalle*, con Joaquín Pardavé, Sofía Alvarez y Sara García. Yo creo que ésta es la mejor de todas sus películas, porque es más Cantinflas mismo.

El empresario Santander recuerda que como torero cómico, Cantinflas "fue el mejor. Fue todo un matador de novillos, y sólo él sabe cuántas orejas y rabos cortó". Se explica el éxito del bufo diciendo que "nació con Ángel", y considera que luego del artista "el trono que el pueblo le levantó en su corazón será muy difícil de ocupar". Explica el amor del pueblo hacia Cantinflas "porque la gente se identificó con él. Es la razón también del éxito inmenso que tuvieron las carpas, que son un fenómeno mexicano y llenan la época más rica de nuestro teatro popular. En ese tiempo el fonógrafo era muy caro y la radio estaba en pañales, el cine en castellano era incipiente y la televisión ni se imaginaba, por eso el pueblo materialmente asaltó las carpas. Era un espectáculo barato, estaba en el barrio, en todas partes, y se convirtió en algo grandiosos para el pueblo, quien agradeció levantando a humildes artistas de variedades en grandes estrellas. Y el amor del pueblo se extendería más allá, porque los mismos que conformaron el público carpero serían los espectadores de la época de oro del cine mexicano, que se extendió a toda América, época en que Cantinflas ocupó un lugar único".

La carrera cinematográfica de Mario Moreno incluye más de setenta películas. Los críticos están de acuerdo en que los guiones no siempre estuvieron a su altura. Se nota esto principalmente en su época hollywoodense, por ejemplo en la cinta *Pepe*, en que fugazmente lo acompañan, entre otros, artistas como Jack Lemmon, Debbie Reynolds, Sammy Davis Jr., Kim Novack, Maurice Chevalier, Edward G. Robinson, Tony Curtis, Janet Leigh, Dean Martin y Frank Sinatra. Su coestrella es Shirley Jones en su mejor momento. Un reparto así supone un éxito asegurado. Pero no. En todo momento se nota a Cantinflas limitado por el texto, y esto es explicable luego de conocer que su éxito reside en la espontaneidad: quien ve la cinta fácilmente lo percibe. Se nota en *Pepe* que Cantinflas es mucho más cómico que ese personaje que lucha por hacer reír apoyado en un parlamento poco ingenioso.

Su cinta más espectacular fue *La vuelta al mundo en ochenta días*, al encabezar un reparto que incluyó otra constelación de artistas célebres: Shirley MacLaine, Charles Boyer, Marlene Dietrich, Trevord Howard, Buster Keaton y Frank Sinatra. A Cantinflas le pagaron 200,000 dólares, un sueldo fabuloso en la época para un actor latino, además de cierto porcentaje en las ganancias generadas en taquilla. En contraposición a las débiles historias que se tomaron para sus otras películas, *La vuelta al mundo en ochenta días* está basada en la novela homónima de Julio Verne, y trata de un inglés excéntrico llamado "Elías Fogg" (que interpreta el actor francés David Niven), quien, en compañía de su criado "Passepartout" (Cantinflas), viaja velozmente alrededor del planeta para ganar una apuesta. El artista mexicano aquí actúa con gracia insuperable y la película fue un suceso. De esa época, Mario Moreno recuerda la enorme energía que desplegó el director Mike Todd:

—Nunca he visto cosa parecida. Andaba siempre muy atareado y nervioso. Cuando filmamos en Durango, Todd me despertaba a las 6:00 a.m., hora muy inconveniente, para que lo llevara en mi avión a Los Angeles. Por cierto yo accedía, resignado a ir en la carlinga con los ojos muy abiertos mientras Todd dormía todo el viaje... trabajar con él me hizo penosamente feliz.

—¿Qué le parece el cine actual?

—Desbocado. No aporta mucho a la humanidad. Pienso que todas las artes deben ser planeadas para proyectar lo bueno del mundo y de las personas, sin que por ello olvide que siempre hay el revés de las cosas, lo negativo, pero que según el tratamiento que se le dé, será su mensaje. Es lo que he intentado con Cantinflas: insinuar siempre un poco de bondad.

—Usted ha sido reconocido en diversas oportunidades por su trabajo humanitario, ¿qué podría decir al respecto?

—Pienso que el humanismo está íntimamente unido a la evolución de las personas, a la superación del ser humano. Y la razón de mi vida ha sido la superación. Si hubiera elegido ser carpintero, sería un buen carpintero; si hubiera sido electricista, sería ahora un muy buen electricista. Siempre creí que la superación del oficio está ligada a la superación del ser entero. Cuando empecé a trabajar en el espectáculo, dije: "pues, me gusta", y aquí estoy, o sea, todo lo que se haga por ser mejor, está bien hecho.

—¿Teme usted a la muerte?

—Nunca. Creo que la muerte es parte de la vida. A mí me gustaría morir en el momento correcto en que debe morirse la gente, sin que signifique sufrimiento para nadie; por lo menos me gustaría que nadie sufriera porque yo me muero ni que sufriera por morir, es lo único.

—Quisiera terminar con su opinión sobre lo que ha significado la comedia, la risa, el humor en su propia vida.

—La risa ha sido en mi vida lo que el pesimismo fue para Charles Chaplin. Tuve el agrado de conocerlo por una invitación que me hizo luego que vio una de las cintas de Cantinflas. Ese vagabundo de Nueva York, que él proyectó con tanto talento, a mí me pareció digno de admiración, pero somos diferentes. Chaplin se expresa con la tristeza y Cantinflas se expresa con la alegría. Yo pienso que alguna vez nuestro planeta será como un solo pueblo, superadas las fronteras y las tristes diferencias. Yo pienso que la herramienta más eficaz para unir esas diferencias es la alegría, la risa. Por eso convenimos con Cantinflas hacer algo para que el mundo se una mejor, explorando esta esencia que es la alegría. Ambos desearíamos que un niño al nacer lo hiciera con una carcajada en vez de un llanto.

—Gracias señor.

Filmografía

El barrendero (1981)
El patrullero 777 (1977)
El ministro y yo (1975)
Conserje en condominio (1973)
Don Quijote cabalga de nuevo (1972)
El profe (1970)
Un Quijote sin mancha (1969)
Por mis pistolas (1968)
Su excelencia (1966)
El señor doctor (1965)
El padrecito (1964)
Entrega inmediata (1963)
El extra (1962)
El analfabeto (1960)
Pepe (1960)
    (coproducción con los Estados Unidos)
Sube y baja (1958)
Ama a tu prójimo (1958)
La vuelta al mundo en ochenta días (1956)
    (producción estadounidense)

El bolero de Raquel (1956)

Abajo el telón (1954)

Caballero a la medida (1953)

El señor fotógrafo (1952)

Lluvia de estrellas (1951)

Si yo fuera diputado (1951)

El bombero atómico (1950)

El Siete Machos (1950)

Puerta, joven (El portero) (1949)

El mago (1948)

El supersabio (1948)

¡A volar joven! (1947)

Soy un prófugo (1946)

Un día con el diablo (1945)

Gran Hotel (1944)

Romeo y Julieta (1943)

El circo (1942)

Los tres mosqueteros (1942)

Carnaval en el trópico (1941)

El gendarme desconocido (1941)

Ni sangre ni arena (1941)

Ahí está el detalle (1940)

Cantinflas y su prima (1940) (cortometraje)

Cantinflas ruletero (1940) (corto publicitario)

Cantinflas boxeador (1940) (corto publicitario)

Cantinflas en los censos (1940) (corto publicitario)

Jengibre contra dinamita (1939) (corto publicitario)

Siempre listo en las tinieblas (1939) (corto publicitario)

El signo de la muerte (1939)

Águila o sol (1937)

¡Así es mi tierra! (1937)
No te engañes corazón (1936)

TÍTULOS DE ESTA COLECCIÓN